华为精神

黄继伟 著

The Spirit of Huawei

中国友谊出版公司

图书在版编目（CIP）数据

华为精神 / 黄继伟著. -- 北京 : 中国友谊出版公司, 2019.5（2024.4 重印）

ISBN 978-7-5057-4680-0

Ⅰ. ①华… Ⅱ. ①黄… Ⅲ. ①通信企业一企业管理一管理方法一深圳 Ⅳ. ① F632.765.3

中国版本图书馆 CIP 数据核字（2019）第 069628 号

书名 **华为精神**
作者 黄继伟
出版 中国友谊出版公司
发行 中国友谊出版公司
经销 新华书店
印刷 河北鹏润印刷有限公司
规格 787 毫米 ×1092 毫米 16 开
16.5 印张 182 千字
版次 2019 年 7 月第 1 版
印次 2024 年 4 月第 8 次印刷
书号 ISBN 978-7-5057-4680-0
定价 45.00 元
地址 北京市朝阳区西坝河南里 17 号楼
邮编 100028
电话 （010）64678009

前言

从世界看华为，从世界到华为

人们通常会说，这是一个最好的时代，时代的快速发展和变化为每一个人都提供了大量的机会，这种机会在过去几百年、几千年的时间里都是从未有过的，人们有机会施展自己的能力和才华，有机会将自己的想法付诸实践。对企业来说，新的技术和发展环境让它们有了更多实现弯道超车的机会，比如在过去，传统的资源集中型大企业往往具有垄断优势，其他企业想要进入市场挑战它们的地位几乎不可能，也许需要经历几十年、上百年的积淀才能实现反扑和超越。而如今，全球范围的资源整合使得一家独大的可能性降低，翻越技术大山的难度正在降低，新的企业可能会在下一个风口就把握住发展的机会，而这样的风口可能每10年或每5年就出现一次，并且时间只会越来越短。尤其是在互联网发展和信息技术快速进步的大环境下，传统的商业发展模式正在遭受严重的冲击，这个时候，一些新兴企业的发展速度可能远超人们的想象。

在美国，最明显的就是苹果公司和亚马逊，苹果公司在颠覆诺基亚手机的统治地位时，用了10年左右的时间；亚马逊成长为全球最大的电商公司，而且将贝佐斯推上世界首富的位置，几乎也只有短短的20多年。在中国，最典型的就是阿里巴巴和腾讯公司，作为20世纪90年代末成立的公司，它们如今已经发展成为最炙手可热的品牌。

对于其他公司来说，机会变得越来越多，但与此同时，这或许也是一个最坏的时代，信息技术的阶梯式、膨胀式发展虽然让更多企业或者创业人有了更多的想法，但也造成了严重的竞争冲突。之所以使用“冲突”这个词，就是因为在如今的行业发展规划中，往往处于一种失衡的、盲目的、野蛮生长的状态，任何一个风口的出现都会快速吸引一大批人的关注，这样就会造成大拥堵，并且最终导致一大批企业很快消亡或者失败。看看硅谷，看看中国市场以及新兴的印度市场，就能够发现每年都会有一大批初创企业被迫离开，新旧更迭的速度达到了历史上的一个峰值，几乎每隔几年，市场就可能会重新洗一次牌，这对任何人都不是好消息。正因为如此，阿里巴巴的创始人马云坦言，也许阿里巴巴3年以后就会消失。

科学技术具有鲜明的时代属性，或者也可以说这个时代越来越注重科学技术属性，“创业”不再是一个新鲜的、惹人关注的词语，反倒是“活下去”成了一个货真价实的口号。既然依靠技术优势不一定会占据发展的制高点，不一定会像过去那样确保企业可持续发展，那么就应该寻求一些更为稳定的方法，而其中打造一个稳定的、健康的企业文化就显得很有必要。

我们经常可以看到很多公司在发展过程中像韭菜一般迅速生长，又像流星一样快速陨落和消失，尽管没有必要去妄议这些企业的发展模式，妄议它们的领导者能力、格局和德行，从组织逻辑的角度来说，每家公司都有自身的发展模式。它们的失败往往在于缺乏一个健康的文化体系，没有一个比较稳定的制度，说得再明晰一些，就是它们没有一个团队独特的气质和精神，以至于整个团队显得比较单调和肤浅，缺乏内在的驱动力。

很多企业在发展过程中更加看重这个行业是不是挣钱，自己是不是拥有足够的资金和资源，是否掌握了新技术，是否具备强大的业务整合能力和管理能力，创业者急于求成，急于扩张，急于超越其他成功的公司，却忽视了对团队精神文化的塑造。而由于缺乏主体文化，常常会导致制度出现零散和破碎，缺乏延续性和稳定性，导致团队缺乏一个明确的价值观与向心力。这就是为什么很多新兴企业可以在短时间内依靠技术、创新思维、发展理念来赢得市场的认同，并快速发展起来，但是它们不具备持续发展的能力，没有一个强大的内核来支撑它们走得更远一些。

华为公司多年来一直都在努力成长（任正非将华为的发展定义为正在成长），2018年12月27日，华为副董事长徐直军对华为这一年的发展做了简单的总结，其中华为已经和全球领先运营商签订了26个5G商用合同、1万多个5G基站。不仅如此，全球范围内有211家世界500

强企业成为华为数字型转型的合作伙伴。在智能手机领域，华为已经突破了两亿部手机的大关；在云服务领域，华为上线的140多个云服务开始了全球布局；在人工智能与场景解决方案上，华为也有了很大的突破，制造了全球首个覆盖全场景人工智能的芯片。不仅如此，华为的通信设备服务于全世界1/3的人。可以说，华为的发展已经达到了一个新的巅峰，而这个巅峰将会持续下去。

从根本上来说，尽管华为的体量、资本、营销能力、技术创新、知识产权、人才队伍、管理水平、战略方向、运作效率位于世界前列，但这些并不足以保障它能够持续成长。可以说在30年前，华为公司从一家资产仅有2.1万元，而且连名字也是从墙上“中华有为”的标语中直接截取两个字拿来用的小公司，逐渐成长为世界级别的大企业，所依靠的并不仅仅是技术、资源、资本、人才，最重要的是文化，以及由这种文化培养起来的一种精神。

任正非说过：“人类所占有的物质资源是有限的，总有一天，石油、煤炭、森林、铁矿等会开采光，而唯有知识会越来越多。中国是一个资源贫乏的国家，而且人口众多，人均占有资源在世界上最少，对于它的出路，党中央已提出‘科教兴国’，以此提高全民族的素质和基础，同时强调要深化管理，使知识产生价值，以创造民族的财富。以色列这个国家是我们学习的榜样，它说它什么都没有，只有一个脑袋。一个离散了20个世纪的犹太民族，在重返家园后，他们在资源严重匮乏、严重缺水的荒漠上创造了令人难以相信的奇迹。他们的资源就是有聪明的脑袋，他们是靠精神和文化的力量，创造了世界奇迹。”

正因为如此，任正非一直都提倡华为公司要打造属于自己的文化，要塑造独特的华为精神。多年来，并没有华为人公开站出来解释华为精神究竟是什么，它包含的是一个文化体系，是所有华为人多方面的文化特质和工作素养，即狼性文化、创新文化、竞争文化、奋斗文化、均衡文化等多种文化特质。而这些精神文化跨越了华为发展的不同时期，也跨越了新、旧两个时代。许多企业在发展初期会表现出良好的、积极的文化精神，敢打敢拼，具有竞争意识与团队合作精神，可是随着企业的发展，这些良好的传统都丢失了，由此证明这些企业缺乏完整的文化体系，整个团队的发展始终停留在一些人格魅力的影响或者单纯的口号上，没有形成成套的文化体系和制度规范，更没有所谓的精神传承。由于不成体系加上无法传承，导致这些企业在后续的发展过程中会相继丢失之前的一些精神品质。

从某种意义上来说，华为的成功是必然的，它的成长过程始终像是一部励志大片和精神文化成长史。许多竞争对手都意识到，华为的单个人或许不是非常强大，但是当他们组成一个团队的时候，依靠着强大的精神力量，就会变得非常可怕。在2002年的亚特兰大商展会上，华为公司的工作人员热情地接待了两位访客，当时那两个人兴致勃勃地询问了华为公司高、中、低端全系列路由器的情况，工作人员以为对方是潜在的顾客，于是耐心进行介绍。可是直到两个人离开，一位华为高管才认出其中一人正是世界通信巨头思科公司的总裁钱伯斯。据说钱伯斯回到公司后对公司里的所有人做了一个警示：“在今后几年里，思科将只有一个竞争对手，它就是华为。”

在面对一个高速发展、高速扩张且拥有巨大发展潜力的华为时，西方人往往会因为自己的傲慢而感到后悔，他们的恐慌并非没有道理。在一个追求科技的领域，华为公司成为中国最拿得出手的一张名片，而且它已经丝毫不逊色于其他的竞争对手。有人曾对1950年至2007年进行的103项研究数据进行了详细、深入的分析，发现团队建设活动对团队绩效会产生积极的影响，而且这种积极影响是可衡量的。其中在团队内部的信任、协调和沟通几个方面表现得最为明显，影响也最大。美国“Scrum之父”杰夫·萨瑟兰博士写过一本书叫《敏捷革命》，在书中他认为一家公司想要成为世界上最优秀的团队，就应该具备三个重要特质：超越寻常、自主性、多功能。

杰夫·萨瑟兰博士认为优秀团队应该具备与众不同的特质，应该制定超越寻常的远大目标，同时，它必须拥有自主选择权和决策权，团队有权去决定自己该如何开展工作，该如何对相关工作进行布局和规划。此外，团队必须具备计划、生产、销售、分销的能力，必须拥有更完善的运营体系以及多功能的服务体系。从这几个方面来看，华为都是当之无愧的优秀企业，但更多时候谁也说不清华为究竟因为什么而强大，又为什么会变得如此强大。

或者，从根本上来说，人们并没有意识到华为的强大，就像人们在日常生活中经常无法发现华为产品对自己生活的影响那样，但是对于同行的竞争者来说，华为的运作是令人感到恐惧的。更令人恐惧的是，华为似乎才刚刚开始，任正非希望将华为打造成一个百年企业，希望塑造一个经典品牌。没有人知道他是否能够做到这一点，但打造一个百年企业需要文化作为一种内在的延续性力量，需要依靠强大的精神来完成可持续发展、可持续进步的目标。

正因为对未来充满了憧憬，我们有必要去剖析和了解一个真实的华为，了解驱动华为进步的内在动力。通常情况下，精神文化更像是一个概念化的产品，一个容易被人忽视掉的发展因素，但是在华为，其精神文化本身就是一个符号，一个华为公司发展的时代符号。提起华为，人们就会联想到华为精神，而提起华为精神，就会联想到华为公司。

华为是一家了不起的企业，它的成长也好，成功也好，都代表了中国前进速度和发展的张力，代表了最具潜质的中国技术的广阔发展前景，但是没有任何局外人能够真正了解华为，没有人可以一窥华为发展的全貌，也没有人能够真正说清楚华为究竟是一家什么样的公司，它身上具备的各种混合的、神秘的特质令人着迷。很多人试图从世界发展以及时代变革的过程来了解华为，试图从中国的发展状态中找到一些蛛丝马迹，但华为的发展也许就是一部独特的民营企业成长史，而在这部成长史中，华为精神或许正是一个最重要的因素。

本书侧重于论述华为公司的文化内核，分析和讲解各种精神素养和文化品质，并将其与华为的日常运作紧密结合起来，确保读者能够更好地理解什么是华为精神。本书并不同于一般的企业传记或者企业家传记，它仅仅描述企业文化，因此没有明确的时间线，没有一个横向或者纵向的逻辑性描述，而是将华为精神分为9个部分讨论，重点讲述影响华为生存和发展的9个精神动力，而这9个具有代表性的精神无疑是华为精神的缩影，也是华为公司获得成功的关键所在。对于读者来说，了解了华为精神，就可以更好更深入地发现华为公司取胜的秘密，找到华为公司的成功之道。

Contents | 目录

HUAWEI

SPIRIT

华为精神

第一章

坚持以艰苦奋斗为本

聪明而灵活的头脑，出色的应变能力，再加上脚踏实地、勤勤恳恳的工作作风，最终使得华为成为大众消费者心中值得尊重的品牌，成为客户非常信赖的企业。而这样的模式和状态对于任何一家企业来说，都是很有必要的。

1．来自任正非的不一样的心灵鸡汤

如果说哪一个企业是国内民众最向往的就业选择，那么华为公司必定榜上有名。这不仅仅是因为它能够提供业内最高标准的工资（国内企业的横向对比），还因为它是中国最成功的民营企业之，更是通信、电信领域最强大的企业之一，发展前途一片光明，也因为它具有良好的企业文化和优化的管理体系，对任何人来说都是一个挑战。

作为最具竞争力的公司之一，华为代表了中国民营企业最高的战斗力，这就使得更多的人趋之若鹜，而华为乐于接纳各种各样的人才，也愿意组建一支富有竞争力和活力的队伍。但是在招聘和吸纳人才方面，任正非却表现得非常另类。一般情况下，企业家会在招聘中强调自家的优势，会强调自身发展的空间，会努力将各种有利因素摆出来分享，会给每一个即将进入公司或者想要进入公司的人灌输各种有关成长和成功的心灵鸡汤。任正非也曾多次对新入职的员工发表讲话，但是讲话的内容，并不是诱惑他们进入华为将会享受什么好的待遇，而是略带严肃地说："进了华为就等于进了坟墓。"

将一个世界级别的科技公司当成坟墓，这对任何企业来说似乎都不妥当，但华为是个例外，因为这家公司的主题就是奋斗，而且是艰苦奋斗。相比于其他科技公司，华为公司的工作时间比较长，加班文化很盛行，任何进入华为的人都要承受很大的工作压力，想要获得成功就要做好牺牲的准备。

在这里，任正非列出了无产阶级导师马克思说过的一句话："科学的入口处就是地狱的入口处。"作为一家科技公司的总裁，任正非自然深谙这个道理，他意识到任何科技的蓬勃发展都是以时间、金钱、体力、意志力、热血换来的，任何人想要获得成功，想要跟上华为发展的脚步，都需要付出艰辛的努力，需要付出自己的青春。

任正非多年来一直都推崇硅谷的创业文化，但是他也深知硅谷文化并不是一朝一夕形成的，硅谷的崛起和兴旺是几代人不懈努力的成果，是几代人做出巨大牺牲才造就的，他希望华为也能够拥有这样的牺牲精神，能够像硅谷一样在艰苦奋斗中走向成功。正因为如此，他事先对每一个进入华为的人做了一个表态，明确告知他们即将面对的是什么样的生活。

他一直试图让员工明白一点：进入公司绝对不是为了享受，绝对不是为了让自己更加轻松，而是要体验巨大的工作压力，要在巨大的压力下获得成功。在这种坚持以奋斗者为本的文化体制下，任何进入华为公司的人都不可能获得轻松的工作机会，所有人都必须拿出百分之百的努力去面对自己的工作。

在华为公司工作的人往往会签署一份特殊的协议——《奋斗者协议》。在这份协议中，奋斗者必须确保自身在业绩考核中达标，并声明自己要主动放弃带薪年假和法定假期、放弃加班费、自愿买断工龄等条件。而与之相对应的是，奋斗者将会获得高额的薪水、良好的福利以及让人羡慕的内部分红。这份协议完全是自愿的，如果员工不想承受压力，同样可以选择放弃签署协议，而他们在公司内部的业绩考核同样有效。

任正非曾开玩笑说："为了这公司，你看我这身体，什么糖尿病、高血压、颈椎病都有了，你们身体这么好，还不好好干？"在所有的演说中，他一直都在强调华为工作的苦、华为工作的难、华为工作的复杂，他希望不会有人在进入华为后感到后悔，不希望他人没有做好足够的心理准备就冒险进入华为。

任正非曾经这样评价道："华为茫然中选择了通信领域是不幸的。这种不幸在于，所有行业中实业是最难做的，而所有实业中，电子信息产业是最艰险的。这种不幸还在于，面对这样的挑战，华为既没有背景可以依靠，也不拥有任何资源，因此华为人尤其是领导者将注定要为此操劳终生，要比他人付出更多的汗水和泪水。"通信行业的工作性质就决定了华为的成长与发展绝对不会轻松。

有人曾拿谷歌公司和华为公司进行对比，发现谷歌公司的销售额与华为相差不大，但是谷歌公司的利润比华为高出很多，这证明了谷歌公司惊人的赢利能力。有一组最直观的数据可以说明这种赢利能力，那就是砍掉谷歌公司90%的人，整个公司的利润总额也许只下降了1%，另外10%的人即便1个月不去上班，公司依然财源广进，广告业务、安卓系统的专利费用，以及其他方面的收益足够养活整个谷歌公司，这也是为什么谷歌内部的工作相对自由，员工可以自由安排工作时间。而在华为公司并不是这样，即便砍掉华为公司1/3的人，华为也会陷入麻烦，或者如果华为人1个月不上班，恐怕整个公司就会破产或倒闭。作为一家传统科技公司，华为的自动化印钞能力显然不足以媲美谷歌公司，任何一分盈利都是需要实打实地奋斗出来的，需要员工投入大量的劳动力。从这一方面来说，华为的奋斗文化是有必要存在的，任何人都需要拿出艰苦奋斗的精神，都需要表现得更加拼命一些，才能推动华为的进步和发展。

将华为当成地狱，这并不是一种自黑，而是一种提醒和要求。对于一般人来说，他们更加希望自己的工作待遇很好，发展空间很大，同时最好不用承受太大的压力，而华为则直接否决了这个职场悖论。它明确地用高待遇来吸引职员，但也想办法坦白自己的工作环境，这样可以方便它更加顺畅地选择人才。

严格来说，华为并不是一家血汗工厂，并不是一家单纯依靠劳动力来获得发展的企业，华为拥有强大的技术，拥有出色的创新能力，拥有完善的管理体系，拥有一大批高新技术的人才，拥有许多有远见的干部，但任正非认为资源、技术、资金、制度、人才都需要通过艰苦奋斗的精神在实践中转化成最终价值和效益，所以在他的心灵鸡汤中，充满了苦涩，充满了困难，充满了危机，充满了一种牺牲和决断。

华为的高级管理顾问吴春波教授也曾这样形容华为的发展：“华为的一面是辉煌，另一面是像乌龟一样，在泥泞的道路上，在尖利的石头上，在坚冰和沙漠上，不断爬行所留下的斑斑脚印，是丑陋的、血淋淋和惨不忍睹的付出。”每一个华为人都必须了解这一点，必须践行这一点。

2. 华为没有成功，只有发展

2001年4月24日，任正非在内部发表了《北国之春》一文，在文中他提到了一个重要的观点："什么叫成功？是像日本那些企业那样，经历九死一生还能好好地活着，这才是真正的成功。华为没有成功，只是在成长。"在任正非看来，华为的发展仍旧停留在追赶他人的脚步上。如果联系到当时华为公司在行业内的地位，就能够明白任正非的担忧，毕竟当时有爱立信、思科等巨头公司，与它们相比，华为公司当时取得的成就仍然不值一提。

2007年，任正非就说过华为人只是"一群从青纱帐里出来的土八路"，还习惯于埋个地雷、端个炮楼的简单战法，在职业化、表格化、模板化、规范化的管理方式方面还很欠缺，经常出现重复的、重叠的管理工作，严重影响工作效率。这样一支队伍是难言获得成功的，根本不具备承受风险的能力，不具备竞争的能力。

到了2015年，华为以601亿美元的营业收入超越思科492亿美元的营业收入，一举成为全球第一大通信设备商。经过十几年的发展，华为公司如今已经成为通信领域的第一，无论是规模还是营收都处于领头羊的位置，而且华为已经被世界所熟知。这个时候，很多人都认为华为公司已经获得了成功，但是任正非并不这么看，他也不希望华为人这么看。他曾经非常清醒地给华为做了一个描述："我们这只小麻雀正好出窝，一步步跟随，刚好每走一步都踩在鼓点上，直到今天我们才刚刚走到了起跑线上。"

2018年，任正非在IRB战略务虚研讨会上，又重点提到了两段话："现在我们和美国赛跑，到了提枪跨马上战场的时候，一定要把英雄选出来，没有英雄就没有未来，英雄犯错了就下去，改了再上来。""投降没有出路，从来亡国奴就是任人蹂躏。华为整个公司嗷嗷叫，不怕谁。我们有能力自己站起来，不做亡国奴。"

按照任正非的原话，华为公司的竞争对手仍然非常强大，华为公司仍然没有到那种可以庆祝成功的地步，华为未来的发展仍然任重而道远。那么什么样的企业才是成功的呢？华为的关键词就是"九死一生"，简单来说，就是华为在成长过程中虽然经历了一些挫折，但是还没有经历过大灾大难的磨炼，这样的一家公司没有经历过严峻的考验，因此无法验出成色。

从发展的角度来分析，任何一家公司想要走向成功和伟大，都会经历冰与火的淬炼，没有任何一家公司是在一帆风顺的状态中成长起来的。华为公司除了初创期的阵痛之外，华为未来的发展道路一定会遭遇各种坎坷和危机，按照任正非的话来说，华为的冬天一定会到来的。

苹果公司在20世纪80年代曾经陷入困境，乔布斯被迫离开苹果公司，整个苹果公司也处于破产边缘，但是随着乔布斯的回归，苹果公司顺利推出了几款爆品，诸如iPhone、iPad、iPod以及苹果笔记本电脑，苹果公司顺利成长为世界上竞争力最强的科技公司。

丰田公司在1950年也曾经历危机，当时内部工业公司和销售公司分离，整个丰田公司面临解体的危险，而这样可能会直接摧毁丰田公司。但是在丰田英二的领导下，支离破碎的公司很快爆发了强大的生产和营销能力，不仅成功开拓了美国市场，还先后达成了年产汽车100万辆的目标（1968年）以及日本国内汽车销售突破100万辆的目标（1969年）；在1972年，丰田公司汽车生产累积突破1000万辆；到了1973年，日本国内汽车销量累积突破1000万辆。到了20世纪80年代，丰田公司内的工业公司和销售公司重新合体，并组建了新的丰田公司，这个时候丰田公司开启了狂飙之路。

对任正非和华为来说，最欠缺的就是这种失败的经历，就是这种从失败中崛起的能力，如果华为能够经历类似的困境并顺利熬过来，那么就可以称得上真正的成功。埃隆·马斯克也曾认为，一个创业者如果仅仅用企业上市作为成功标准，“我对‘成功’这两个字，高度怀疑”。对于他来说，真正的成功必须经得起考验，经得起市场和消费者的考验。在创业途中，他也曾多次起起落落，如今依然面临很多严重的问题，但是他的事业正在悄悄改变整个世界。

对于企业来说，它的发展可能要经历一个相对漫长的周期，在这个周期中，起起伏伏都是非常正常的，但最重要的是能够从失败中站立起来，这一点是企业保持基业长青的必要条件。许多公司只经历了成功，这不算真正的成功，一家成功的企业是需要经受住失败的考验的，它需要通过失败来验证自己的生命力，只有失败才能检验出一家企业的成色，才能够有效检验出哪些环节不够合理，哪些地方做得不到位。

很多企业一开始具有强大的竞争力，具有良好的发展势头，这些积极因素往往会使人产生一些错觉，他们会觉得自己已经在事业上获得了很大的成功，会觉得自己已经能够有效地抵御外来的竞争。可是一旦危机到来，他们就会很快遭遇困境，并且一蹶不振。在科技行业，每一年都有大量的新兴企业诞生，它们一开始也拥有很好的发展势头，但是最终都成了昙花一现的“短命企业”。

华为高管多次强调公司不能低估了全球权力格局的动态变化，面对外界的变化和自身的发展，绝对不能够盲目自信和自满，要将外部压力转化成改进和创新的动力。所以华为多年来一直秉持艰苦奋斗的精神，一直希望不断提升自己的实力，不断强化自己应对风险的能力，只有这样才能在危机到来的时候保持强大的适应能力，只有当困难到来的时候才能表现出一家大公司应该有的底蕴。也正因为如此，失败和挫折也许是华为公司多年来一直梦寐以求的“试金石”。

3. 烧不死的鸟就是凤凰

“极致的成功需要极致的个性，这样的成功以其他方面的牺牲为代价。极度的成功跟你认为的‘成功’是不一样的，你不必成为像理查德或者埃隆那样的人，也能过上富裕和优质的生活。你获得幸福的概率比成为伟大人物的概率更高。

“但如果你是一个极端的人物，你必须做你自己，幸福对你来说已经不是人生最重要的目标了。这些人常常是怪胎或者与社会格格不入，他们总是强迫自己以一种非同寻常的方式去体验这个世界。

“他们找到生存的策略，随着年龄的增长，他们想方设法把这些策略应用在其他的事情当中，为自己创造出独特的、强有力的优势。他们的思维方式不同于常人，他们总能以全新的角度看待事物，找到具有洞见的创意。但是，人们常常认为他们是疯子。”

以上这段话是埃隆·马斯克的前妻在评价他时说的，在她眼中，马斯克不仅仅是一个天才、一个企业家，更是一个偏执的人，他对于自己从事的工作、对于自己认定的目标有着与生俱来的执着，只要目的没有达成，他就会一直努力下去，一直尝试下去。

比如在2008年12月月底，埃隆·马斯克从公司的首席财务官那儿获得了一个不好的消息："公司账面上最多只能维持三天，甚至更短。"显而易见的是，如果三天内无法筹集资金堵上这个窟窿，公司就不得不宣布破产。可是，马斯克当时连续投资了特斯拉和SpaceX，如果将资金重新抽调出来，那么最惨的结果就是这两个项目会直接失败。在这一年圣诞节前的一个星期天，他过得无比艰难，甚至从早上开始就出现头晕症状，但他还是迈着步子走进了办公室。

很多人都将任正非和埃隆·马斯克做对比，尽管两个人的工作重心、事业方向都不同，面临的情况也不一样，但是两个人都是偏执狂。在评价华为的时候，或许可以从评价任正非开始；而在评价任正非的时候，可以借鉴埃隆·马斯克前妻的这段话。任正非以及任正非带领下的华为团队也拥有极致的个性，在面对工作和事业的时候，同样具备了不达目的誓不罢休的精神。

任正非曾经在《致新员工书》中说："您有时会感到公司没有您想象的公平。真正绝对的公平是没有的，您不能对这方面期望太高。但在努力者面前，机会总是均等的，只要您不懈地努力，您的主管会了解您的。要承受得起做好事反受委屈，'烧不死的鸟就是凤凰'，这是华为人对待委屈挫折的态度和挑选干部的准则。没有一定的承受能力，今后如何能挑大梁？生活的评价是会有误差的，但绝不至于黑白颠倒。要深信，在华为，是太阳总会升起，哪怕暂时还在地平线下。您有可能不理解公司而暂时离开，我们欢迎您回来。您更要增加心理的承受能力，连续工龄没有了，与同期伙伴的位置差距拉大了。我们相信您会加快赶上。”

这段话既是说给新员工听的，也是说给他自己听的，更是说给所有在华为拼搏和努力的人听的。对于华为人来说，他们的身上就具备了那种极致的个性和偏执，这种偏执在于他们始终相信自己能够做好本职工作，能够在未来的道路上实现目标。而在这个实现目标的道路上，任何一种困难可能都显得那么微不足道，他们要做的就是浴火重生，就是在苦难中继续磨炼自己，提升自己。

在华为公司，许多人在成长过程中都经历过挫折，任正非曾经欠债几百万，被迫自主创业，并且经历了资金短缺的严峻考验，他最终坚持了下来。前执行副总裁毛生江在市场部集体大辞职事件中受到的伤害最大，降为地方分公司的一个经理，而类似这样的职务调动，他先后经历了8次，但最终仍旧坚持下来，成为最具代表性的一只“凤凰”。对于很多跟着任正非一起创业的老员工来说，他们或多或少都经历过类似的大起大落，那些坚持下来的都获得了成功。在任正非看来，华为人应该保持坚强的意志，只有坚持下去，才有可能获得最终的成功。

许多员工一直都担心自己会调离岗位，担心自己会被淘汰出局，担心自己的工作压力很大，无法顺利完成工作任务，对此任正非一直都希望所有华为人保持必要的毅力和耐心。在2002年的时候，他曾在内部会议上发表了题为《效益，满怀信心迎接未来》的演讲，在演说中，他重点强调了这样一段话："在一个躁动的社会里，一个人能够平静地对待一切，甘于平淡，耐得住寂寞，这不是没有出息，这才是伟大。大家可以在业余时间看看历史书，有多少历史人物受到了磨难，但是在磨难中成长了。因此说，磨难也是一笔财富。"

磨难是一笔财富，这就是任正非交代给每一个员工的话，也代表了他对这支队伍最殷切的期盼，他希望华为人拿出这种不怕磨难、不怕挑战、不怕压力和不怕失败的精神。比如上面所提到的1996年市场部集体辞职事件，当时除了少数人离开公司之外，高达数千人都自动离职，并且重新应聘，其中许多人的职位都被下调，一些习惯了待在总部的人突然被外放，一些习惯了待在管理层的人突然变成了基层员工，一些坐办公室的人突然进入一线，一些待在舒适工作环境下的人突然进入了艰苦的工作环境。面对这些变动，心理上的冲击是必然的，工作上、职位上、待遇上的落差会让他们承受巨大的压力，但是只要留下来，重新去迎接新岗位、新工作的挑战，坚持将工作做好，就可能在浴火中实现重生。

2015年，华为公司发布的一则企业形象广告引起了广泛关注。广告中展示的是一位芭蕾舞演员的双脚，其中一只脚穿着优雅的芭蕾舞鞋，外表光鲜亮丽，集合了脚步的力量和柔美，充分展示出舞台表演的魅力和出色的形体美感；另一只脚则缠着些许绷带，但是脚掌、脚趾的关节处已经严重扭曲和变形，看起来伤痕累累。

这种鲜明的对比造成了很强的视觉冲击，加上广告图片上的配文：我们的人生，痛并快乐着。通过图片的展示和文字的解读，人们可以轻易明确其中代表的含义，而这种含义让广告本身得到了升华。

事实上，早在广告出现之前，任正非第一次见到这张图片时，不禁大吃一惊，他告诉身边人：“这不就是华为吗？”

在任正非看来，穿着芭蕾舞鞋的那只脚代表了光鲜的外表，代表了眼前获得的成功，而卸掉芭蕾鞋后的那一只伤痕累累的脚，则代表了华为在发展过程中真实的经历，包含了种种失败、困难和挫折。当所有人都在惊呼华为实现华丽的转身时，殊不知每一步都走得很累、很痛苦、很艰难，华为的成功就是一部血泪奋斗史，但也正是这份坚持，使得华为成长为世界上最出色的通信设备制造商。

4．实践是检验干部的唯一真理

20世纪90年代，中国企业开始加快发展脚步，在这一阶段，很多企业开始纷纷向西方企业靠拢，不仅学习西方企业的管理体制和发展模式，而且还千方百计从西方企业那里大量挖人，但是这些“空降部队”和“空降人才”是否真的适合本土的生存环境、就业环境和发展环境呢？对此，很多公司并没有仔细思考。

华为公司也曾遭遇这样的尴尬，引进的很多人才并没有融入到工作当中去，也没有发挥出应该有的作用，这并不是因为这些人才没有真才实学，而是因为他们从来没有在华为的工作体系中有过任何实践，没有在一线了解和体验华为的工作模式，可以说他们的能力仅仅停留在理论层面、学术层面，或者说停留在过去西方企业的经验中。

在第二期品管圈活动汇报暨颁奖大会上，任正非对着台下的华为员工发表了一次讲话：“现在我们需要大量的干部，干部从哪里来？

必须坚持从实践中来。如果我们不坚持干部从实践中来，我们就一定会走向歧途。是不是外来的‘空降部队’就一定不好呢？很多公司的历史经验证明，‘空降部队’也是好的，但是其数量绝对不能太大。问题在于我们能不能把这支‘空降部队’消化掉。如果不能消化掉，我认为我们公司就没有希望。那么，我们现在有没有消化‘空降部队’的能力呢？没有。因为我们每级干部的管理技能和水平实际上都是很差的……

“比如说，从哈佛大学来的几个博士，他们做的那套东西，我们适应不了，结果，我们既没有受到教育，他们也没有发挥作用。如果我们把他们用到负责岗位上，他们那个指挥系统可能就会乱得一塌糊涂。但是，如果我们不用他们呢，像我们这样的‘农民’，何时才能革命成功呀？所以公司就确定了一条方针：从我们自己的队伍里培养我们的骨干。就是依据公司一系列干部制度和政策，靠自己的努力来培养自己的跨世纪的干部。”

在华为的用人标准和考核标准中，绩效是关键，绩效就是责任结果，就是实践的才能，这比阅历、学历、身份、地位要更加实用。在他看来，那些仅有学历而没有实践能力和经验的人，往往只懂得纸上谈兵，只会拿着大把的理论论事，只会在计划上夸夸其谈，一旦进入实践工作就会变得畏畏缩缩，遇事更是慌作一团，根本拿不出切实可行的解决问题的方法。

有关干部人选的标准，每家公司都不一样，每一个管理者的倾向性也不一样，但是无论是哪一种标准，无论是哪一个模式，其最终的目的都是强调人才的适用性与实用性，只有能够在岗位上发挥作用，只有在工作上做出成绩和贡献，只有在管理当中体现自身价值，才具备当选干部的资格。

如何才能体现出个人的能力是否符合干部的要求呢？不同的公司和企业家也具有不同的看法，有的人依据的是学历，有的人依据的是身上的光环，有的人看重的是社会关系以及人脉背景。而对于华为那时来说，检验一个人是否具备担任干部职责的标准就是实践，只有在一线和基层有过实践经验，并且通过了层层考核的人，才有资格获得晋升的机会。

任正非早就表态："在华为，没有基层实践经验的机关人员，都叫职员，不能直接选拔为管理干部。拥有决策权的正职，必须来自一线，而且要经常转换。总部不是巴顿将军休息的地方，实行任期制，定期返回前线，不断轮流循环。没有成功实践经验的干部直接冻结晋级、晋职、加薪和配股，且不能平级调动。"

华为曾经在美国HAY（合益公司）的协助下，制定了高层干部任职资格评选的相关标准，任职资格一共分为五个等级，高层管理者在每年年初的时候要填写任职资格表，年底则要填写述职报告。华为公司会对高层管理者进行考核，观察他们这一年来的工作表现和业务处理能力，如果达到了标准，就可留下来，或者获得晋升；如果考核不合格，就有可能会被下放。

而在这个任职资格中，实践考核成为一个非常重要的标准，简单来说，任何一个干部的提拔都应该遵循一个基本原则，那就是这个干部必须在一线或者基层工作过，有着丰富的基层工作经验，这个经验有助于他们更好地掌握基层工作的基本情况，从而为组织管理提供更大的帮助。

在华为的干部晋升通道模式中，任何人想要获得晋升机会，都需要保证连续3年的绩效都至少达到12分，而12分往往需要去一线参加工作才能获得，因此这个晋升通道本身就是为了刺激那些想要当干部的人进入一线去奋斗。

且不说西方世界，这样的制度在中国企业中也不多见，许多人发现中国的企业存在比较明显的“印象风格”，即领导者可能会凭借自己的印象来提拔人才，印象中对方是一个高才生，印象中对方是一个比较稳重的人，印象中对方和自己的关系比较好，印象中对方具有良好的社会背景，当领导者产生好印象时，就容易将此人当成理想的干部人选。尤其考虑到中国是一个人情关系的大国，人情往来和人脉往往是维持社会关系、社会角色的重要因素。而华为的做法非常干脆和理性，一切凭借实践中的真才实干说话，没有人可以利用特权或者特殊关系上位。

任正非曾提出要砍掉中层干部的屁股，这句话的意思一方面是要求中层干部打破部门墙，消除本位主义；另一方面则要求中层干部平时走出办公室，到市场上去看一看，去一线体验一下工作，去基层了解最基本的情况，改变过去那种在办公室打电话、听汇报、“批奏折”的行为，要亲自前往一线进行指挥。据说为了刺激干部们经常前往一线参加实践活动，任正非特意送了他们每人一双皮鞋，并且强调年底会看看谁的鞋底磨得最光，从而判断谁去基层和一线的次数最多。

当一个领导者以这样的方式来督促内部的奋斗以及进行干部选拔

时，整个企业的奋斗氛围和奋斗文化已经形成了相当的气候，这是华为多年来能够打造一支优秀干部队伍的关键。而更进一步来说，华为公司内部的高管，包括任正非、徐直军等人都是从实践中一步步走上来的，公司选拔出来的其他干部更是如此。

管理大师吉姆·柯林斯曾经对来自世界各地的1435家公司进行研究和分析，他经过层层筛选，挑选出其中堪称卓越的11家企业，结果发现其中有10家公司的CEO都是从内部提拔上来的。美国通用电器、宝洁、摩托罗拉等企业都是如此，像沃尔玛公司，内部有60%的管理者都是从小时工一步步爬上来的。很明显，相比于从外部直接招聘，通过内部的实践活动来选拔干部，往往会为干部队伍注入更大的活力，对整个企业的发展也会产生积极的推动作用。

5. 唯有艰苦奋斗，才能赢得客户的尊重与信赖

在华为公司的官网上，有这样一段文字：“我们没有任何稀缺的资源可以依赖，唯有艰苦奋斗，才能赢得客户的尊重与信赖。奋斗体现在为客户创造价值的任何微小活动中，以及在劳动的准备过程中为充实提高自己而做的努力。我们坚持以奋斗者为本，使奋斗者得到合理的回报。”

这段话成为华为人坚持艰苦奋斗的一个座右铭，其中“唯有艰苦奋斗，才能赢得客户的尊重与信赖”这一句话更是成为督促华为人培养奋斗精神的一个方向。很多年前，华为人就已经强调拼搏和奋斗精神，但是那时的奋斗精神更多地体现在对工作的一种时间投入和精神投入，时间投入最典型的就是加班文化的盛行，而精神投入往往在于管理者对员工的价值观灌输，他们总是有意无意地提醒员工需要拿出奋斗者的状态来面对工作。早期的艰苦奋斗更多时候立足于“我们需

要保持这种优良的传统，并塑造优秀的企业文化”。随着企业的发展，华为人渐渐意识到艰苦奋斗并不是出于个人的热爱和道德境界，更准确地说，奋斗是为了赢得顾客和客户的尊重，为了让更多的客户相信自己的工作态度和服务质量。

华为曾在战火纷飞的伊拉克开拓市场，为客户提供最优质的服务。伊拉克因为连年的战争，成为中东地区最混乱的国家。很多公司都不愿意做伊拉克人的业务，但是华为人并没有退缩，越是艰苦困难的地方，他们越是保持旺盛的斗志，而这种出色的服务态度也赢得了客户一致的称赞和尊重。对此任正非深有感触，有一次他飞往伊拉克洽谈业务，结果伊拉克的首富非常感动，对方当时明确告知第二天就要打仗，最后直接派了十几个保镖沿途护送任正非走了1000多公里，直到任正非到达安全地点后坐上飞机离开。

2018年7月1日，任正非特意飞往卢旺达，并且和当地的员工会面。在座谈会上，他深情地表示：“我们为什么要在艰苦的地区、艰苦的国家奋斗呢？我们是履行我们为全人类服务的承诺，我们立志‘把数字世界带给每个人、每个家庭、每个组织，构建万物互联的智能世界’。为了履行这个承诺，我们无论在人迹罕至的高山、荒漠，无论在疾病流行、战火纷飞的地区……任何有人的地方，都有华为的员工。我们不要怕一些人嘀嘀咕咕，我们是在造福人类，而不是威胁社会。他们心胸狭窄，不要与他们计较，影响了我们为人类服务的理想的前行。”很显然，艰苦奋斗的文化被拔高到了一个服务客户的高层次，被拔高到了服务社会的崇高理念上。

这样的服务态度在非洲、欧洲以及亚洲的日本都比较常见。2018

年年底，华为开始在全球市场布局5G通信设备，西方少数国家和企业纷纷鼓噪禁止使用华为的产品，但是仍旧有一大批国家纷纷表态支持华为，并继续使用华为的产品。这不仅仅是因为华为公司的技术先进，价格也最为公道，还有一点就是华为公司的办事效率是所有公司中最高的，服务的效率和效能首屈一指，而高效率主要源于其艰苦奋斗的精神。比如在西方一些国家，很多公司的工作效率并不高，做事喜欢拖延，而且在圣诞节、感恩节之类的节假日来临时会选择放假，但华为公司不会这样做，平时就保持一贯的高效作风，节假日更是24小时在线服务，这种良好的工作劲头和服务态度无疑让客户放心。

在华为的扩张道路上，难能可贵的一点就是它的工作态度和服务态度始终保持在高水准上，这是赢得顾客认同的关键，也是很多顾客愿意将业务交给华为去做的原因。即便是那些最苛刻的客户，也对华为的工作态度赞不绝口。世界上有很多非常优秀的企业，它们有着出色的技术，有着非常好的产品质量，有着良好的运作体系，但是真正赢得市场欢迎和消费者尊重的并不多见，比如技术流的公司可能陷于“自我”的状态、不实用的技术、高昂的价格、不佳的服务态度，这些都在影响消费者和客户对公司的评价，华为是少有的依靠艰苦奋斗的精神一步步打响品牌的企业。

不过，对于任何一家优秀企业来说，赢得顾客的信赖不仅要依靠良好的工作态度，还要依靠艰苦奋斗的工作模式。艰苦奋斗的前提是能够解决问题，能够想出最合理的方法解决问题，而不是动用蛮力。一家企业如果服务态度很好，但是遇事只会动死脑筋，只会用最土最笨的方法解决问题，这同样会伤害到客户的信任。

所以多年来，任正非一直都在强调：“我们会不断地改善物质条件，但是艰苦奋斗的工作作风不可忘记，忘记过去就意味着背叛。我们永远强调在思想上艰苦奋斗。思想上艰苦奋斗与身体上艰苦奋斗的不同点在于：思想上艰苦奋斗是勤于动脑，身体上艰苦奋斗只是手脚勤快。我们要提拔重用那些认同我们的价值观，又能产生效益的干部。我们要劝退那些不认同我们的价值观，又不能创造效益的人，除非他们迅速转变。”

聪明而灵活的头脑，出色的应变能力，再加上脚踏实地、勤勤恳恳的工作作风，最终使得华为成为大众消费者心中值得尊重的品牌，成为客户非常信赖的企业。而这样的模式和状态对于任何一家企业来说，都是很有必要的。

HUAWEI

SPIRIT

华 为 精 神

第二章

华为永远都崇尚狼性文化

作为世界上最强大的通信设备制造公司，华为在很多领域都超越了竞争者，但是相比于其他对手来说，华为更加低调，更加能够放下身段，华为人也更加懂得如何运用低调谦卑的姿态服务于众人。而正是这份谦卑，正是因为对面子毫不在意，他们才能够带领华为走向世界大企业之列。

1．最后的人将被淘汰——末位淘汰制

通用电气公司的杰克·韦尔奇曾采用了一项特殊的淘汰制度来治理公司，这就是活力曲线制度。这个制度主要是通过业绩考核对员工能力和价值贡献进行分类，一般强制分成A、B、C三类。其中A类代表着整个公司内20%的精英，这部分人对于团队的贡献值最大，也位于整个团队核心阶层。B类代表公司内部70%的普通员工，对任何一家公司来说，普通员工的数量是最大的，他们构成了公司的主体力量，也负责大部分的业务工作，价值贡献仅次于精英。C类则代表公司内部最后10%最差的员工，这部分人的能力和素养是最低的，贡献值也是最小的，他们很容易成为阻碍公司进步的障碍，因此需要定期进行清除，以确保公司的整体水平不会下降得太厉害。

活力曲线制度的推行使得通用电气公司的竞争力获得了大幅度的提升，公司的产值也蒸蒸日上，这为公司保持基业长青奠定了坚实的

基础。华为公司同样采取了类似的方法，据说华为内部的绩效考核体系中也存在这种A、B、C的划分。通常，获得A的员工在次年必定会大幅度涨薪，并且获得职位的晋升。而获得C的人则可能会被降职降薪处理。有时，即便整个部门内的所有人成绩都达标，也免不了有人会被降为C，而一旦连续两年都获得了C，那么就会直接被辞退。

一般情况下，那些绩效排在最后5%的员工，将会面临一定的惩罚，甚至直接被淘汰出公司。对于一个员工人数达到十几万的大企业来说，这样的淘汰率还是比较惊人的。前几年，华为中有7000人辞职，这件事引起了轩然大波，而华为公司支付了10亿元的遣散费，一些不愿意离开的员工可以重新竞争上岗，但是这件事显然超出了很多人的预期。曾几何时，许多人都将进入华为公司当成一个铁饭碗，都将进入华为公司当成一个最大的生活保障。这样的想法显然滋生了一些人缺乏进取心、缺乏危机感、缺乏竞争，因此华为通过淘汰一批人来完成内部竞争力的升级。无论是对新员工，还是老员工，淘汰制都可能会对他们产生影响。

商业组织想要获得长远的发展，想要获得更为持久的盈利，那么就需要保持组织的活跃性和生命力，而提升生命力的最佳方式就是定期注入更为新鲜的血液。这并不仅仅在于新人的招聘和吸收，毕竟任何一家企业都是有规模限制的，吸收新人的同时也必须及时淘汰一批不合格的员工，这样才能实现人才的接替，才能实现内部的人力循环。

对企业来说，任何变革的目的都是改变僵局，激发活力，毕竟公司发展久了，如果没有任何人员变动，就容易产生内耗、倦怠感、贪腐问题，而这些往往会导致内部的低效和分裂。末位淘汰制的设定就是为了确保华为公司可以长久保持活力，可以及时除掉那些不安定的因素，减少那些可能拖后腿的员工，让整个团队在整体上保持强大的竞争力和快速向前的能力。据统计，截至2013年，12%的美国公司采纳并运用了这个制度，而且60%的“财富500强”公司也基于活力曲线的原则进行人事管理。由此可见，这样的淘汰制度是优秀企业必须具备的一个重要制度，因为只有这样，才能让内部的人才系统获得有益循环，才能实现基业长青，才能推动内部的改革和完善。

末位淘汰制对于一些大型企业来说非常重要，尤其是华为这种级别和规模的企业，如果不能够做到新陈代谢的合理运作，不能够及时淘汰一批不符合发展要求的人，那么企业的发展就会受到限制。很难想象一个十几万人的企业如果没有良好的淘汰机制，将会变成什么样子，毕竟想要维持人员不变动，对于大企业来说是不容易实现也是不合理的。

一个有趣的话题是，在最初的发展和扩张过程中，华为人有一个重要的口号，“不让一个兄弟掉队”，这是出于内部整体协作的需要，是对员工负责、对流程负责的一个工作原则。但是随着企业的发展，这种“掉队”成为一种必然要求。即便所有人都做合格了，也总是会有人离开，这种离开往往带着悲怆，因为公司的发展必然是淘汰那些无法提供足够价值和动力的人，即便这些人在过去也曾为华为做出了重大贡献。体制内的新陈代谢是发展的必然要求，如果企业缺乏相应的淘汰机制，缺乏相应的代谢机制，那么整个公司的发展就会陷入盲目扩大和僵化的困境之中。

末位淘汰制看起来有些残忍和无情，但企业的发展本身就需要这种优胜劣汰的精神，就需要发挥出强大的意志力来消除那些影响企业发展的不安定因素和不确定性因素。人们需要意识到一点，任何企业发展的最终趋势都是不断进化、不断完善的，企业需要通过各种方式来强化自身的适应能力、竞争能力以及自我修复能力，而这一切都需要建立在人才的更替基础上。而更为重要的一点是，这种内部淘汰制本身就具有很强的激励性，它可以激励所有华为人变得更好，可以激励所有华为人自觉地奋斗和提升自我。

2．快速扩张的薇甘菊发展模式

华为的一个特点就是增长速度快，几乎在短短30年时间里就从一家几乎没什么市场的小企业成长为占据国际市场半壁江山的跨国公司。很多人将华为比作狼群，但实际上华为的生存模式更像是薇甘菊。

“你们知道薇甘菊吗？薇甘菊是一种杂草，号称‘植物杀手’，它只需要很少的水、很少的养分，就能生长很快，能够抢光其他植物的资源，使自己生长的空间和范围很宽、很广，它迅速地生长，覆盖了所有的植物，使它们没有阳光而死亡。我们做产品就需要具备薇甘菊这样的能力，要在末端接入层成为霸主。要成为行业的薇甘菊，就必须具备实力，没有实力是做不了霸主的。”华为创始人任正非曾经在某次内部会议上这样评价薇甘菊。

作为一种菊科多年生草本植物，薇甘菊原产于南美洲和中美洲，不过由于其具备旺盛的生命力和强大的繁殖力，使得它很快在印度、泰国、印度尼西亚、尼泊尔、菲律宾，以及一些太平洋上岛屿上繁殖。据说，1919年薇甘菊首次在中国香港出现，而1984年又出现在深圳，之后以惊人的繁殖速度迅速蔓延至整个珠江三角洲地区。鉴于它这种强大的繁殖能力，世界各国将其列入世界上最有害的100种外来入侵物种之一。

这种杂草让生物学家和环境学家感到头疼不已，它的成长周期很短，生长速度很快，还具备无性繁殖的特点，可以在短时间内大量繁殖。此外，薇甘菊对于成长环境的要求非常低，适应能力很强，而且侵略性十足。许多人都很讨厌这种草，但任正非却从它身上看到了强大的生命力，所以他提出了著名的“薇甘菊战略”，号召所有华为人像薇甘菊一样，保持强劲的生存动力和旺盛的生命意志，只要有一丁点的养分，只要有一丁点的生存空间，就不顾一切地迅速生长和蔓延，直到占领更多的地盘。

任正非认为华为最需要的就是这种顽强的生命力和侵略性十足的竞争力。作为一家从一无所有开始的民营企业，华为公司在发展早期遭遇了极大的困难，资金缺乏，技术落后，人才匮乏，管理水平落后，在这些不利局面下，华为公司在市场上的发展几乎可以忽略不计，市场不允许华为有太多的成长空间和成长时间，竞争对手也不会给华为创造好的成长环境。那个时候只有拿出120%的努力，只有表现出顽强的生命力，华为才有可能在夹缝中生存下去。

在开拓市场的时候，华为必须表现出强烈的竞争欲望，必须表现出强大的生存意志，必须表现出高效快速的发展状态，而这一切正好与薇甘菊的特点相符合。许多人或许无法想象那种状态，但在20世纪90年代初期，华为一直都在积极把握任何一个可能的市场和生存空间，有时候为了抢在对手前面占领市场，华为不惜倾尽全力；有时候为了一点微薄的利润和小市场，华为也会集中全部的资源去争取。正是因为这种执着和侵略性，才使得华为公司可以在短时间内占领亚、非、拉以及欧洲的大片市场，并且在这些市场上牢牢扎根，就连竞争对手们也感叹，只要被华为成功立足，那么该地区的大部分市场迟早会被华为吞并。

无论是攻占国内市场还是抢占国际市场，华为人都表现出了这种拼搏精神，都表现出了这种强大的攻击性。从最初的国内市场，到俄罗斯市场、非洲市场、中东市场、欧洲和美洲市场，华为都展示出了非比寻常的生存意志和发展状态，这对任何对手来说都不是一个好的现象。

在度过大扩张时代之后，华为依然保持着强烈的饥饿感，尽管它的速度已经慢慢降下来了，但是对于市场的把握依然充满了渴望。对华为人来说，任何时候都不能放松，任何时候都不能大意和懈怠，毕竟整个行业的变动性太大，科技发展的颠覆性力量足以摧毁任何一个保守的企业，所以只有继续保持强烈的进攻欲望，只有继续想办法扩张和占领市场，才有机会保持持续的领先。

有关华为的基本发展模式，早就写入《华为基本法》。《华为基本法》中对华为公司的发展模式提出了这样的建议："我们的经营模式是，抓住机遇，靠研究开发的高投入获得产品技术和性能价格比的领先优势，通过大规模的席卷式的市场营销，在最短的时间里形成正反馈的良性循环，充分获取‘机会窗’的超额利润。不断优化成熟产品，驾驭市场上的价格竞争，扩大和巩固在战略市场上的主导地位。我们将按照这一经营模式的要求建立我们的组织结构和人才队伍，不断提高公司的整体运作能力。”

在这段话中，华为明显强调了“席卷式的市场营销”，这种营销方式在过去、现在和将来都不会过时，它不仅代表了华为过去的成长历程，也代表了现在和将来的一种发展模板。毫无疑问，薇甘菊的生存模式代表了华为人的生存哲学和发展模式，它真正契合了华为人的现实需求，也迎合了华为人对于未来掌控的需要，可以说，“薇甘菊战略”是华为保持持续壮大中不可或缺的一个发展战略。

3. “力出一孔”的工作模式

对于团队内部的合作问题，阿里巴巴的创始人马云打过一个有趣的比方：“如何让每一个人的才华真正地发挥作用？这就像拉车，如果有的人往这儿拉，有的人往那儿拉，互相之间先乱掉了。当有一个傻瓜时，很傻的，你会很痛苦；有50个傻瓜是最幸福的，吃饭、睡觉、上厕所排着队去的。有一个聪明人时很带劲；有50个聪明人实际上是最痛苦的，谁都不服谁。我在公司里的作用就像水泥，把许多优秀的人才黏合起来，使他们的力气往一个地方使。”

马云的话证实了一个道理，那就是团队发展和运营必须保持方向的一致性和目标的统一性，必须确保所有人往一个方向用力，这样才能将力道集中在一个方向上。对于这个问题，任正非也有类似的观点，不过有所不同的是，他强调的是“力出一孔”的原则。力出一孔不仅仅在于往同一个方向、同一个目标用力，还在于将所有力量集中在一个点上，这里涉及力度的聚焦形态。

对于华为来说，保持方向和目标的一致性是一个最基本的工作原则，而集中力量做事则体现出了一种“压强”策略，目的是最大化集中力量应对那些重要的工作，从而确保能够更加高效地解决问题。

任正非说过：“我们要力出一孔，力量从一个孔出去才有力度。我们‘利出一孔’做得比别人好。但是我们的‘力出一孔’做得不好，研发的力量太发散，让竞争对手赶上来了。每一个产品线、每一个工程师都渴望成功，太多、太小的项目立项，力量一分散就把整驾马车拉散了。”

有关力出一孔的概念，对很多公司来说都非常实用，因为无论哪一家公司都不可能面面俱到，不可能做到全面发展，总有一些地方会有所欠缺，总有一些地方发展不够突出。所以公司的发展往往会尽量形成突击点，集中在某个或少数几个焦点上，而且应该将关注度放在一些战略的机会点上。公司可以通过打造一些强势的点形成竞争优势，甚至是核心竞争力。

可以说，从公司发展的角度来说，资源集中到一个或者几个少数的点上，将会提升竞争优势，可以确保资源利用价值的最大化。《华为基本法》中对此也做了明确的规定：“我们坚持‘压强原则’，在成功关键因素和选定的战略生长点上，以超过主要竞争对手的强度配置资源，要么不做，要做，就极大地集中人力、物力和财力，实现重点突破。在资源的分配上，应努力消除资源合理配置与有效利用的障碍。”

比如在2002年的时候，华为雇员张利华提出了建议，希望公司可以立项进行手机研发。虽然当时任正非听了很不高兴，并扬言谁再提起这个话题，谁就直接下岗走人，可是到了第二年，任正非改变了主意，决定听取张利华的建议，抓住国内手机市场蓬勃发展的契机，掌握十几亿人的大市场。在那之后，任正非主动做了自我批评，并且很快就做出批示：第一，要成立独立的终端公司做手机；第二，要直接拨出10亿元作为手机研发的经费。而2003年华为的一整年利润才10亿元，也可以说华为几乎将所有的资金都投到了手机研发中。而正因如此，华为手机才越做越好。

为了确保做到有效聚焦，任正非多次强调："我们在作战面上不需要展开那么宽，还是要聚焦，取得突破。当你们取得一个点的突破的时候，这个胜利产生的榜样作用和示范作用是巨大的，这个点在同一个行业复制，你可能会有数倍的利润。"

华为在发展的历程中，曾面临很艰难的处境，为了实现市场突围，任正非下令在那些重要市场上投入比竞争对手多几倍甚至是几十倍的力量。既然硬实力比不上对方，整体的竞争水平比对方要低，那么不妨选择用最简单的方法——收缩作战面，集中力量，这样就可以对多线作战的对手形成竞争优势。

在狼性文化中，任何一只狼都不会单独作战，它们总是保持行动一致，动用群体的力量去围捕一只猎物，这样的作战方式往往可以形成强大的优势和力量。博弈心理学中有一个著名攻防博弈，就体现出了集中力量全力进攻的优势。

假设有两支队伍交战，进攻方共有两个师两万人的兵力，而守方有3个师共3万人的兵力。对于进攻一方来说，它只需要集中兵力从某一路线发起进攻即可，而对于守方，情况会变得更为复杂一些：如果进攻方只有一条固定的线路，那么守方会选择守住那一条路线，这个时候，它在对抗中占据优势。如果进攻方有甲、乙两条路线可供选择，那么守方将会面临多种选择。第一种是将3个师的兵力全部部署在路线甲上；第二种是将3个师的兵力全部部署在路线乙上；第三种是将两个师的兵力部署在路线甲上，将1个师的兵力部署在路线乙上；第四种是将1个师的兵力部署在路线甲上，将两个师的兵力部署在路线乙上。

面对守方的防备，进攻方只需要集中精力进攻某一条路线，而不要试图分散兵力去进攻两条路线，这样很容易让自己陷入被动。所以，要么全力进攻甲，要么全力进攻乙，这样自己就有50%的机会获胜。要知道，这是建立在自己实力偏弱的情况下得出的结果。如果可选择的路线越多，那么守方的兵力部署将会进一步被分散，而进攻方获胜的机会就会不断增加。

实际上，多年来华为一直都用这种方式与强大的对手周旋，从最初在国内开辟市场开始，到集中优势兵力进攻国际市场，都可以看出这种灵活而实用的战术安排。对华为人来说，这是一条最基本的竞争策略，也是整个公司的重要发展模式，可以说华为的一些发展策略，都是建立在这个竞争策略的基础上，而它也为华为公司的发展奠定了坚实的基础。

4．危机意识——下一个倒下的会不会是华为

2013年，华为公司播出了一条广告，广告内容是发生在印度尼西亚的加里曼丹岛上的场景，当时华为供应链物流经理正在对新项目进行考察，但是由于路况很差，汽车深陷泥沼中，一行人就着泥水和汗水清除障碍。这个广告的寓意是这些人承载着华为重要的使命——国际化的攻坚之路。而这个广告的主题就是："下一个倒下的会不会是华为？"

而早在2000年的时候，华为成为全国电子百强之首，在那个时候，华为内部没有人庆祝，反而在内刊上出现了一篇文章《华为的冬天》。在文章的开头，任正非就直接满怀忧虑地说了这样一段话："公司所有员工是否考虑过，如果有一天，公司销售额下滑、利润下滑甚至会破产，我们怎么办？我们公司的太平时间太长了，在和平时期升的官太多了，这也许就是我们的灾难。'泰坦尼克号'也是在一

片欢呼声中出的海。而且我相信，这一天一定会到来。面对这样的未来，我们怎样来处理，我们是不是思考过？我们好多员工盲目自豪、盲目乐观，如果想过的人太少，也许就快来临了。居安思危，不是危言耸听。”

很难想象一家公司在成为全国电子排名第一的时候，会以这样一种方式来总结自己的发展。同样的事情发生在华为第一次入选世界500强时，当时公司的一位高管一大早走进会议室，然后用一种令人难以置信的平稳口气说道：“告诉大家一个坏消息，公司进入世界500强了。”这个时候的华为却安静得像什么事情也没有发生过一样，整个办公室里没有人欢呼雀跃，没有人提出要庆祝一番，接下来的一整天，整个公司照常上班，就和平时没什么区别。很显然，在华为人看来，华为公司还远远不到高兴的时候，全国第一、世界500强固然很不错，但是也许只要一次危机，华为就会遭遇困境，而这样的危机是一定会到来的，所有人都必须保持警醒，必须时刻关注华为会不会像其他公司一样突然陨落。

许多人觉得华为人在杞人忧天，毕竟作为一个具有良好上升势头的公司，华为在克服创业初期的艰难处境后，一直都在以爆发式的增长方式发展壮大，而且无论是营收额还是利润，无论是规模还是技术，都在不断进步，再考虑到它在国内市场的垄断地位以及在国际市场突飞猛进的状态，的确很难让人引发任何有关危机的担忧。但如果对电信行业有一个了解，对当前技术更新换代频率有一个了解，或许就不会觉得华为有意制造“危机”的论调了。毕竟通信行业是难度最大、竞争最激烈且技术颠覆周期最短的行业，如果没有危机意识，那么华为将很快倒在竞争对手前面。

在这方面，诺基亚就是一个活生生的例子。作为曾经的巨无霸公司，诺基亚在千禧年到来的时候，渐渐丧失了曾经的危机意识。当工程师们提出了开发新系统，开发更多应用软件，重点打造触屏技术时，高层并没有采纳，他们认为塞班系统并没有过时，加上诺基亚在全球市场高达90%的份额，他们坚信顾客会继续购买自己的产品，并且认为很长一段时期内没有对手可以撼动自己的地位，甚至没有对手能够可以接近。在诺基亚高层绝对的自信中，的确没有对手能够撼动，但他们没有想到，一个一直以来坚持做电脑的公司——苹果公司——竟然半路劫杀，依靠着先进的操作系统、丰富的应用软件和出色的技术体验，很快就打响了智能手机的革命，颠覆了诺基亚公司打造的商业模式。

不仅仅是诺基亚，还有IBM、摩托罗拉、通用汽车，有许多优秀甚至伟大的公司都在发展进程中遇到瓶颈和困难，很大一部分原因就在于它们在获得成功之后，丢掉了最重要的一个法宝——危机意识。人们甚至很难听见那些公司会唱衰自己的发展，给自己一些略带悲观消极的想法。

任正非不愿意走那些公司的老路，因为华为是一个从一无所有状态中发展起来的公司，任正非比谁都更了解竞争的残酷性。这些年华为公司不断发展，压制了一批又一批企业，而在这些被超越的企业当中，有很多也曾引领世界，也曾占据市场的半壁江山，但是它们最终也慢慢退场，成为竞争的牺牲品。对于华为来说，自己在某一天也会遇到这种状况，而且这一天或许离自己并不遥远，所以他才会高声疾呼："10年来，我天天思考的都是失败，对成功视而不见，也没有什么荣誉感、自豪感，而是危机感。也许正是这样，才存活了10年。我们大家要一起来想，怎样才能活下去，存活得久一些。失败这一天是一定会到来的，大家要准备迎接，这是我从不动摇的看法，这是历史规律。"

而对于华为来说，保持危机感并且应对危机的最好办法就是努力奋斗，就是继续发扬狼性文化，继续扮演冲击者的角色，不要因为一时的小成就而骄傲自满、自我放纵，正如任正非所说的那样："在总部漂亮的草坪上，喝着咖啡，听着PPT汇报，欣赏着周围的美景，下一个倒下的肯定是华为！"

2018年，华为四季度工作会议当中，任正非再次提到了公司的发展现状。作为一个帝国公司的掌门人，任正非一改之前的自信，非常担忧地认为华为的发展有点泡沫化了，员工对于公司的发展进行了过高的估计和捧杀，员工在工作中出现了倦怠心理，尽管薪酬方面、发展方面仍旧比较繁荣，但是表面的繁荣并没有给华为发展带来更多的优势。无论如何，这样的提醒对于华为公司至关重要，尤其是当华为在5G市场开始进行大范围布局的时候，华为需要有人浇一盆冷水来保持整个队伍头脑清醒。

5．百折不挠，不轻易退缩

狼性文化中最重要的一点就是执着和百折不挠，狼群只要锁定了目标和猎物，就不会轻易放过，无论困难多大，都会努力去克服它。不仅如此，狼性文化还具有不轻易妥协和退缩的特质，面对各种困难时，狼群始终能够保持强大的心理素质，并依靠自身的努力去解决遇到的各种问题。而在华为多年的发展过程中，一直都在践行着这种特质，其中最为典型的就是21世纪初的两场纷争。在这两场商业纷争中，华为展示出了一个优秀企业应该有的韧性、风度和不轻易妥协的进取意识。

其中一场纷争主要在华为和港湾网络公司之间。港湾网络公司是华为前高层之一的李一男在离开华为后拿着1000多万元的分红去北京创办的，为了代理华为的产品，他建立了一个华为的下属根据地。相比于其他公司，李一男具有先天的创业优势，毕竟他对华为公司非常了解，而且还在华为担任高管多年，人脉非常广，因此发展前景很不错。而且李一男还发现了一个商机，那就是大力发展华为公司比较薄弱的数据通信。

对于李一男的创业，任正非一开始是比较支持的，但是到了2001年，港湾网络公司开始从华为挖墙脚，这样的做法直接对华为的业务造成了巨大的冲击。任正非忍无可忍，双方于是开始了激烈的市场竞争。

在激烈的拼搏中，华为同时面临着一场国际级别的竞争，那就是思科公司。作为一家实力雄厚的电信企业，思科公司在国际市场拥有很高的知名度，它是全球领先的网络解决方案供应商，更是网络应用的成功实践者，在技术层面几乎引领行业发展，是电信领域内大佬级别的企业。但是当华为快速发展，并且开始想办法进军美国市场时，思科公司感受到了威胁，因此千方百计地阻止华为进入美国市场这个大本营。

2002年12月，思科副总裁拜访华为，这原本是一个相互交流的机会，但令人没想到的是，对方在毫无征兆的情况下指责华为侵犯了思科的知识产权，他要求华为停止销售产品并且做出赔偿。2003年1月22日，思科公司在美国得州东部的马歇尔镇联邦法院对华为发起了起诉，罪名是侵犯知识产权，这份起诉书长达77页，内容涉及了专利、商业秘密、不正当竞争、版权等21项罪名。

很显然，这一次的诉讼是思科早有预谋的行动，它在12月才主动告知华为侵权一事，然后在下一年的1月提起诉讼，选择这个时间段非常重要，因为1月22日距离当年的春节只有9天的时间，华为已经开始准备进入休假模式，很难有足够的时间去办理相关材料证明自己的清白。当时在诉讼中，思科明确提出了一些过分的要求：“判决华为支付思科专利侵权赔偿金；判决华为支付思科专利侵权惩罚性赔偿金；判决华为支付通过侵犯思科专利所获的全部收益；判决华为支付由于侵权给思科带来的全部经济损失；判决华为支付思科因本案而发生的所支付的律师费；判决支持思科获得法定损害赔偿金以及商誉等其他损害性赔偿金……”按照这份诉讼内容，华为将要赔偿上百亿美元。而当思科发起诉讼之后，华为公司的形象直线下跌，很多美国人都将其当成“不守规矩”的入侵者看待，将其当作一个盗版企业，巨大的舆论压力显然不利于华为开拓美国市场。

内有港湾发展和扩张的步步紧逼，外有思科公司咄咄逼人的国际诉讼，这让华为遭遇了前所未有的困境，那个时候整体的舆论都偏向悲观，很多人甚至认为华为将会一蹶不振，就此倒下，而这一幕在其他巨头公司身上早就发生无数次了。但是任正非坚定地告诉所有人，华为会挺过去的，所有的华为人前所未有地拧成一股绳，共同应对这两场危机。

在面对港湾的攻势和不道德的竞争手段时，华为强势反击，任正非下令成立了一支“打港办”，并提出了两个要求：凡是港湾参与的竞标项目，无论价格压得多低都要拿下来，否则负责人辞职走人；华为必须倾尽全力阻止港湾上市。

面对思科公司发起的诉讼，华为积极应战。华为首先成立了一支队伍赶赴美国，率先与美国主流媒体沟通，展示华为最近几年发展的成果，以及告知1998年就开始聘请国际一流的企业为自己整理账目、提供管理服务的事实。这样做有助于强化华为“负责任的、尊重知识产权”的形象。

接着，华为聘请了在美国甚至世界上都享有盛名的律师罗伯特·哈斯拉姆（Robert Haslam）。他在处理这类商业案件方面很有经验，诉讼中他帮助华为找到了思科公司的一个大漏洞——私有协议。这是一套企业内部自定的协议标准，通常只适用于本企业生产的设备产品，其作用是为了形成技术上的垄断，从而获取独家高额利润。可以说思科公司的产品与其他公司的设备并不兼容，这样一来也就不存在所谓的侵权。此外，私有协议在很多国家是不受法律保护的，毕竟多数国家都不允许垄断行为的出现，因此思科提起的诉讼并不受到法律保护。之后华为公布了源代码，结果显示多达几百万的源代码与思科只有1. 7%的相似点，这一下思科的诉讼更加站不住脚了。不仅如此，华为还开始发动反击，要求思科赔偿自己的形象损失。那一年华为还和美国的3Com公司合作，对方也站出来为华为做证。经过不懈的据理力争，2004年7月28日，华为公司与思科公司达成庭外和解。

这一时期的华为在国内市场和国外市场的双线作战中都赢得了最终胜利，但更为重要的是，华为体现出的执着和不屈精神，使得它声名大噪，而华为的影响力也在处理危机的过程中获得了进一步的提升。

6. 放下面子，才能获得成功

在中国，面子问题是一个大问题，也是多数中国人都非常在乎的问题，无论是维持家庭关系还是对外的人际交往，无论是工作上的交流还是生活当中的侃侃而谈，面子都是一个绕不开的话题，也是一个无法绕开的、比较普遍的社会性问题。而在中国人眼中，面子问题往往关乎个人的声誉，关乎个人的形象，关乎个人的价值观，但是从本质来说，这是一种虚荣心，也是一种情绪控制的问题。

著名企业家稻盛和夫说："成功不要无谓的情绪。"在他看来，一个高层次的人是不会被一些无意义的情绪所困扰，不会被生活中细枝末节上的"面子"问题拖垮的，他从来不会因为面子而做一些违反事实的事情，不会做出一些"打肿脸充胖子"的行为。

而在任正非看来，面子是阻碍一个人获得进步的最大障碍。这一点或许遗传自他的父亲任摩逊。任摩逊的口头禅就是"面子是给狗吃的”。在父亲那个年代，面子可能会成为影响个人生存和一家人生计的障碍，作为一个知识分子和热血青年（任摩逊曾经就读于北平民大经济系，还参加过学生革命运动，是一个有思想、有知识、有爱国之心的人），任摩逊之所以说出这番话，就是对生活的一种真实感悟——对任何人来说，生存始终是第一位的。

父亲的这个想法也让任正非感同身受，在创办华为时，他同样记住了这样的理念——为了生存，面子可以放一放。有几件事可以看出任正非的作风。第一件事是，当年任正非在创办华为时连工资也发不出，这让他心急如焚，最终只能去借高利贷。许多人都认为一个企业家要靠高利贷度日，基本上就没有必要办企业了，但是任正非始终坚忍，没有因为这个面子问题而退缩。

第二件事是，任正非在创业的过程中，一直都非常重视维护客户关系，即便是最小的客户上门寻求合作，他也一定亲自接见。有很多人认为任正非作为一家公司的总裁，没有必要在一些小客户身上浪费太多时间，只要让其他负责人去接待和处理相关事情就行，但是任正非并不这么想，他不会因为自己的身份问题就把自己当成一个“腕儿”，而是放下面子去接触客户。在狼性文化中，本身就具备能屈能伸的特质。

在华为发展的30多年时间里，一直都坚持谦卑地对待客户，要在客户面前降低姿态。2018年年底，英国方面曾宣布禁止华为的产品，试图将华为排除在英国的5G市场之外，而且还开始拆除华为的4G通信设备，可是在拆除的过程中，却出现了手机断网数个小时的尴尬事件，原因是在英国积极采用爱立信设备的时候，没有想到爱立信的通信设备证书已经过期了。面对大面积的网络瘫痪，英国政府只能回过头来求助华为，而华为这个时候非常谦卑低调地表示愿意帮忙解决问题。许多人认为华为可以表现得强硬一些，但在任正非看来，服务任何一个潜在的客户都需要保持谦卑忍让的姿态。

第三件事就是学习和请教。在华为公司内部，具有各种各样的人才，他们在不同的领域内具有不同的能力和优势，而任正非经常会向不同的人请教，哪怕这些人的层级和地位比自己低很多，哪怕这些人并不是什么骨干，但是只要他们能够给自己带来帮助，任正非就愿意谦卑地请教问题。

任正非说："我曾经讲过，世界上只有不要面子的人才会成功。孔子就是一个不要面子的人，孔子说'三人行必有我师焉'，这句话前面没有加定语，没有说三个优秀的人，有可能是三个放牛娃。放牛娃怎么可以做老师？所以说孔子是典型的不要面子的人，愿意向任何人请教。"

作为一家跨国公司的掌门人，任正非身上最不值钱的东西就是面子。对他来说，面子不过是一个累赘，是一个抑制个人创新力和进步的空洞符号。对于一个企业家来说，面子或许会成为一个自我毁灭的不稳定因素，而任正非一直都在淡化面子对自己的影响，或者说在他的想法中，面子根本就不是什么大事，只要有利于企业发展，只要有助于华为解决问题，那么所谓的面子问题就从来都不是什么问题。

"活下去"曾是华为的最低标准，现在则是最高标准，而活下去就要懂得"豁出去"，就要懂得放下尊严，要懂得保持谦卑的、低调的姿态，这个低调谦卑的姿态，不仅仅在于面对同行、面对客户，更要面对自己。在华为，几乎每一年都会有员工降职和离职，其中不乏一些干部。而在降职的过程中，一些干部往往忍受不了职位下降的事实，直接选择离开华为公司，而那些愿意放下面子，踏踏实实面对新职位、新工作的人，往往能够坚持到最后。这种坚持就是对面子的忽视，就是个人忍耐力的修行。

作为世界上最强大的通信设备制造公司，华为在很多领域都超越了竞争者，但是相比于其他对手来说，华为更加低调，更加能够放下身段，而正是这份谦卑，正是这种处世哲学，才使华为走向世界大企业行列。

HUAWEI

SPIRIT

华为精神

第三章

华为的成功只有一个字:“傻”

工匠精神并不意味着频繁的变革，并不意味着完美主义。为了避免发生错误，任正非曾经明确提出了变革的7个反对原则，其中第一条就是“反对完美主义”。对任正非和全体华为人来说，完美主义并不是真正的认真，并不是真正的精益求精，完美主义往往不会带来实质性的进步，不会推动技术的进步和改革的完善。

1. 专心做实业——给非多元化战略安装一颗华为心

2015年年底，东京商工研究机构进行了一项很有意义的调查，当时整个日本有多达2166家超过150年历史的企业，一年之后这一数据达到了4850家，2019年会出现7568家企业达到150岁的寿命。这些百年老企业真正做到了基业长青，而基业长青的一个重要秘诀就是专注，这是企业发展的精魂所在，也是中国企业所缺乏的。

在中国，真正超过150年历史的企业刚好数满了一只手，它们分别是六必居、张小泉、陈李济、同仁堂、王老吉，绝大多数企业在短时间内就被淘汰出局，成为市场变化、时代变化的牺牲品。许多人或许都意识到了中国企业新老更替的频繁，这些年，东北企业的衰落，珠江三角洲地区的企业倒闭潮，尤其是在互联网的冲击下，越来越多的企业脱离了实业。但他们并没有意识到这种变化的速率和影响的程度。

根据相关数据统计，由于中国中小企业的体量、竞争资源、竞争意识都不占优势，平均寿命大概只有短短的2.5年，而中国集团企业相对来说好一点，但平均寿命也不过是七八年。这些数字令人吃惊，与发达国家相比相形见绌——欧美企业的平均寿命为40年，而日本企业的平均寿命则达到了惊人的58年。

发达国家的企业之所以能够更长久地生存下去，除了技术基础、市场基础和发展经验占据优势之外，最重要的一点就是它们更加专注、更加投入。无论企业的接任者如何变化，无论内外部的环境发生了什么变化，企业的内部专注度都始终保持不变，整个企业的文化和目标都是一脉相承的，这种稳定性让企业得以跨时代生存下去。

任正非曾经对上面的数据颇有感触，他多次提出要向欧美、日本企业学习，这不仅仅只是一种口号，其中最重要的就是学习它们的专注和执着。在发达国家，一些企业可以数十年如一日地生产螺丝，可以上百年都专注于某一种饮料或者食物，无论外面的环境如何变化，无论有多少诱人的机会和新的商机出现，它们始终都在坚持走自己的道路。

正因为如此，任正非曾经提出了要将华为打造成百年老企业的目标，而实现这一目标的主要方式就是保持专注，就是坚守在自己的行业和领域内，继续做实业。做到这一点非常困难，首先，华为自身的发展并不顺利。可以说华为从早期的2.1万元起家，一路走来非常坎坷，经历了人才短缺、技术短缺、资金短缺、外部竞争、管理混乱、发展瓶颈、国外市场排挤等诸多因素的困扰，可以说整体上都是一波三折，这对华为团队中的所有人都是一个重大的考验，如果意志力不够坚定，或者抗压能力不强，那么就很有可能陷入困惑之中，放弃自己的业务。

其次，外在的诱惑非常大。可以说从改革开放以来，中国的市场就被慢慢激活了，一方面，各种行业和企业如雨后春笋般发展壮大；另一方面，不同行业之间的影响力开始增加，这种影响有时候是负面的，其中一点就在于诱惑和干扰的增加。在华为创办初期，华为公司的大楼下有一个股票交易所，那里的生意非常火爆，几乎每一天都被围得里三层外三层。但是任正非和华为员工始终没有下楼购买过股票。当时股市非常繁荣，很多人都具有投机意识，很多上班族和做生意的商人放下了自己的本职工作，投身于股市当中，甚至很多做实业的同行也改变了发展策略和发展目标，关掉公司专心炒股。自然而然，很多人实现了一夜暴富的梦想，但是更多的人都在股市中失去了发展的黄金时期。

股票的诱惑并没有让华为人动心，对于任正非来说，公司只需要安心做实业即可，而没有必要通过发行股票来带动投资，提升品牌价值和影响力，以至于公司一直没有选择上市。上市对于其他公司来说往往求之不得，因此很多人对于华为的举动表示不能理解，他们甚至觉得华为人有些死板。可是在华为人看来，一旦上市，公司可能就会失去发展的劲头，就会失去创新的土壤，就会失去继续进步和精益求精的那一份执着，而且上市最终会使得华为成为一家盲目追求资本，并且被资本操控的企业，而不再是一个有技术追求和钻研精神的超级竞争者。为了保证自己持续发展，华为最终选择放弃上市。

除了股市之外，进入千禧年之后房地产的火爆以及互联网的发展同样带来了新的商机，在最繁荣的时候，很多企业都或多或少地进军房地产，开始了本行业之外的“圈地运动”。很显然，相比于辛辛苦苦创办实业，房地产的利润以及挣钱的速度无疑更为强大。很多人戏言，一家中型上市公司的年利润可能还比不上一线城市一套房子的价格。这样的发展机会让企业家纷纷向房地产靠拢，而任正非在深圳这个寸土寸金的地方却始终没有让华为染指房地产，尽管华为早在30年前就已经扎根于深圳，那个时候深圳的房价和地价还非常低。

当然，对实业冲击最大的就是互联网，许多开工厂的企业家和经营商铺的店家对此深有感触。自从互联网在中国火速发展起来之后，就迅速成为市场的新宠，大大小小的互联网企业不计其数，他们借助互联网思维和电商平台，对人们的生活、生产和消费带来了很大的影响，同时也间接地冲击了实业家的信心，毕竟互联网中的一个概念可能就带来数十亿元的资本和收入，这样的圈钱速度是实业经济难以匹敌的。任正非从来没有否定过互联网的功能，但是他始终坚持认为一个优秀的企业需要重点发展实体经济，类似于苹果公司，虽然是一家互联网科技公司，但也是一家出色的制造业公司。

30年来，任正非从来没有改变过自己的想法，也没有让华为转变过发展目标和发展方向，而是一直坚定不移地创办实业，坚定不移地在通信领域奋斗，30年只是坚持做一个产业——ICT，坚持攻坚通信领域这个“城墙口”，最终发展出十几万人的队伍，成为通信领域的领先者。这一切都源于专注实业的精神，正如业内人士所说的那样，这样的精神或许正是中国企业家和中国企业目前最缺乏的。

2. 坚定不移地聚焦管道业务

如果要问当今这个时代什么最值钱，那么信息绝对榜上有名。在信息技术蓬勃发展的今天，许多新兴产业都和信息息息相关，比如人工智能、电子商务、无人驾驶、虚拟现实、现实增强技术等，这些都需要依赖强大的信息技术来发展。许多公司都将目光集中在这些领域，可是作为电信产业龙头老大的华为公司却仍旧持保守态度，坚持做好自己的通信设备。很多人对此感到不可理解，华为公司明明拥有强大的人才储备、经济实力和技术实力来实现新领域的突破，为什么不愿意去尝试，而是坚守自己所谓的管道业务呢？

在2016年与Fellow座谈会的讲座上，任正非重点谈论了管道业务，并回答了管道运作的问题。按照任正非的说法，华为打造的管道操作系统主要分成上中和下两个部分，上面和中间的平台是网络集成，下面则是操作管道，整个管道操作系统“上不碰内容，下不碰数据”，主要负责信息流量的传送，为客户提供必要的支撑，提供有价值的内容，提供良好的服务，确保整个内容和数据在平台上运转。“上不碰内容，下不碰数据”，这就是整个华为公司坚持的底线和基本业务方向，而这种坚持有时候让人觉得有些死板，毕竟企业首先就是以追求利益为先的，既然信息领域存在这样大的一块蛋糕，那么华为完全可以抢占市场，和其他竞争对手分而食之。

对此，任正非解释说：“华为随便抓一个机会就可以挣几百亿，但如果我们为短期利益所困，就会在非战略机会上耽误时间而丧失战略机遇。所以，华为的‘傻’，还体现为不为短期挣钱机会所左右，不急功近利，不为单一规模成长所动，敢于放弃非战略性机会，敢赌未来。敢赌就是战略眼光，就是聚焦于大的战略机会，看准了，就集中配置资源押在关键成功要素上。华为多年来只做了一件事，就是坚持管道战略，通过管道来整合业务和产业。通信网络管道就是太平洋，是黄河，是长江，企业网是城市自来水管网，终端是水龙头，沿着这个整合，都是管道，对华为都有用。当然，管道不仅限于电信，管道会像太平洋一样粗，我们可以做到太平洋的流量能级，未来物联网、智能制造、大数据将对管道基础设施带来海量的需求，我们的责任就是提供链接，这是一个巨大的市场。”

在这段话中，任正非承认自己很“傻”，承认华为很“傻”，但是这种“傻”是建立在对战略目标的执着和坚持上，是建立在对战略规划的执行上，而华为之所以坚持“傻”下去，就是因为华为值得继续打造这个管道。

对华为人来说，信息内容很挣钱，但是越挣钱往往竞争压力越大，而且内容需要通过管道来运输。简单来说，这是一个信息时代，信息的量只会越来越多，信息只会越来越丰富，而无论是什么样的内容出现，无论有了什么样的进步技术，华为的管道功能始终必不可少。也就是说，华为的管道功能在整个信息流动的过程中不可或缺，是整个信息社会中的连接点，如果没有连接的管道，那么信息流动将会陷入瘫痪。

尽管人工智能技术、自动驾驶、虚拟现实、电商的不断发展会丰富整个信息时代的产业，每一个业务可能都会产生几千亿元甚至几万亿元的经济价值，但是无论是哪一种，它们最终都需要依赖信息的串联，而传输信息就会成为必然的、迫切的现实需求，华为只要掌握住了这种需求，就可以获得长足的发展。

此外，随着内容的不断丰富，输送内容的管道也会不断扩大，当内容越来越多的时候，小的管道也就无法发挥作用。按照华为的估算，到2025年，可能会出现一个超级物联网，它由超过40亿的宽带用户，以及超过1000亿的物串联而成，那个时候就需要超级管道来提供流量输送服务，而那些小的管道服务商就会在技术进步下被淘汰出局，华为的目标是将管道越做越大，成为提供超级管道的服务商，这样可以掌控竞争的主动权和市场的话语权。

在2014年，华为发布了一款名为“FusionInsight”的大数据平台产品，通过这个平台的相关服务，华为能够为不同厂家提供硬件资源池的融合、计算、存储、网络架构融合、固定移动融合的云接入服务。依靠产品，华为可以实现超过1000千米的异地容灾（在不同地域，构建一套或者多套相同的应用或者数据库，当灾难发生之后，该系统就可以立刻接管相关数据，确保企业数据的安全性）。

这个平台的打造耗费了很大的人力、财力和物力，很多人对此提出质疑。任正非认为，信息时代需要拥有更高的信息处理技术，任何一家大企业想要把握客户、服务客户，都应该尽早构建海量数据信息处理系统，这是搜集、整理和分析相关信息数据的重要方式，也是更快、更准确地发现市场价值点的前提。

相比于其他企业提供的服务，华为公司的云计算功能无疑更加强大、更加完善，它可以帮助用户建立弹性、自动化的基础设施，可以根据用户的具体需求制定相关的服务模式和更加敏捷的IT服务，也可以有效地为企业和服务供应商提供各项服务，包括建立和管理私有云、公共云和混合云中的各项服务。

而等到人工智能、虚拟现实、现实增强技术等新技术获得突破之后，信息量的制造和需求还会更大，这个时候对于传输管道的要求更大，大带宽和低时延会成为重要的两个点，而管道的重要性也将会进一步凸显出来，这对华为来说是一个非常重要的战略点，把握住了这个战略点，华为才有可能在接下来的10年甚至更长时间内继续保持强大的领先优势，而目前，华为的管道在世界上属于前列。

也许华为在其他领域内也能随随便便挣几百亿元，但是盲目追求短期利益可能会让华为陷入困境，并阻断未来的发展道路，毕竟信息内容并不在华为战略规划范围之内，华为公司并不会因为其他互联网公司发展势头良好就放弃自己的主营业务。当互联网技术不断发展时，出现了成千上万个大大小小的互联网公司，这些公司可能动辄就筹资上百亿元，可能一个互联网概念就值几十亿元，但问题在于这些互联网公司的泡沫非常大，任正非一直劝告内部员工不要羡慕互联网公司，要踏踏实实做好自己的信息传送工作。

可以说，正是因为华为人懂得坚持，始终明确和坚持自身的定位，才使得他们在电信领域可以越做越大、越做越好，使得他们可以在管道业务上占据越来越多的主动权。

3. 不忘初心，坚守最初的目标

对于创业者或一家创业公司来说，最难的并不是创业选择，不是创业中的突破，而是坚持，即能够在自己最初的创业道路上坚持走下去。这是最难的，因为任何创业都不可能一帆风顺，总会有一些意想不到的问题扑面而来，会有一些意想不到的挫折干扰人们的行动，这些都会削弱创业人对于工作的坚持，都会削弱创业的热情。坚持自己的工作目标和创业目标，不忘初心，这或许是每一个创业者最难做到的事情。

任正非在创办华为的时候，并不清楚往后的道路要往哪里走，也不清楚自己将要面对的是什么，他只有一个相对模糊的概念，那就是借助这份工作来摆脱当时的困境，最好能够在电信领域内做大做强，他甚至认为电信行业还不错，没怎么多想就进入这个领域。直到创业之后，对行业发展和环境有了更多的了解，才意识到电信行业是最难的。行业标准高，技术要求高，技术更新快，对于小企业来说，追赶行业标准和技术标准可能会令它们疲于奔命。

相比做互联网，做实业的难度更大一些，而且华为公司选择的恰恰又是实业中最难的电信产业。阿尔卡特董事长瑟奇·谢瑞克曾经在自家的葡萄酒庄园接待任正非，当时他严肃地对任正非说道："我一生投资了两个企业，一个是阿尔斯通，一个是阿尔卡特。阿尔斯通是做核电的，经营核电企业要稳定得多，无非是煤、电、铀，技术变化不大，竞争也不激烈；但通信行业太残酷了，你根本无法预测明天会发生什么，下个月会发生什么……"

在那之后，任正非对此深有感触，他曾这样描述自己的选择："如果我去卖水果，你也会问我为什么去卖水果。但是如果我聪明的话，不走上电信，也许对我的人生意义会更大。如果我去养猪的话，这时可能是中国的养猪大王了。猪很听话，猪的进步也很慢，电信的进步速度太快，我实在累得跑不动了。不努力往前跑就是破产，我们没有什么退路，只有坚持到现在。我根本跟不上电信发展的速度。那个时候就是错误地以为电信产业大、好干，就糊里糊涂地进入电信了。进去后才知道电信最难干，它的产品太标准了，这对小公司是残酷的。但是我们退不出来了，因为一开业一点钱都没有了。退出来我们什么钱都没有了，生活怎么过？小孩怎么养活？退出来，再去养猪的话，没钱买小猪，没钱买猪饲料。所以也不可能改行了，只好硬着头皮在电信行业前行。"

在电信行业，没有一家公司能够保持绝对的优势，没有一家公司可以确保长期占据领先位置，技术的更新换代让行业变得更加不可预测。这正是任正非和华为当初面临的难题，而解开这个难题的方法要么就是选择其他行业，要么就是硬着头皮坚持下去，而任正非最终选择了后者。

许多人对此或许没有什么概念，但是只要看看电信行业这几十年的发展，就会明白任正非的担忧。基于电信行业的发展特点，整个行业的发展始终处于竞争惨烈的状态。国际上鼎鼎大名的北电公司、贝尔公司如今早已不见当年的辉煌，而诺基亚公司、西门子公司、阿尔卡特公司、朗讯公司也曾是电信行业的翘楚，但在激烈的竞争环境下不得不做出合并的决定。2006年6月，诺基亚和西门子将两家公司的电信设备业务合并在了一起，成立了诺基亚西门子网络公司，双方各出资50%。2006年12月1日，阿尔卡特和朗讯成立了阿尔卡特朗讯公司，但实力和巅峰期相去甚远。爱立信和思科曾经是华为追赶的目标，但是两家企业也要实现强强联合，以应对越来越严峻的市场考验。

从电信行业发展的历史来看，整个行业的更新速度非常快，即便是国内，也曾涌现出上海贝尔、巨龙通信、大唐通信、中兴公司，但是如今除了中兴公司之外，其他几家公司基本上也已经销声匿迹。在这样的环境下，华为面临的压力可想而知。

与华为同时期的许多优秀企业都在时代的变化下做出了改变，有些是直接被淘汰出局，有的则是选择了其他的道路，对它们而言，电信这条路太难走了，因此在半路上就开始谋求新的出路，开始寻求新的发展机会。在华为最初做通信设备代理商的时候，整个深圳地区就有超过300家这样的代理商，华为根本不起眼。

华为公司是从无数次的竞争和厮杀中挺过来的，而且它自身也经历了各种风波和挫折，差点失去了竞争优势。创业初期的痛苦挣扎，在20世纪90年代高速扩张期的管理危机，进入千禧年的IT行业寒冬，与思科公司的官司，以及最近几年出现的内部消极情绪和职业倦怠症，这些都让华为人备受煎熬。

2000年前，任正非因为工作压力大患上了严重的抑郁症，甚至一度想到自杀。当时每一次疾病发作，他就打电话向孙亚芳诉苦，试图缓解病情，并获得心理上的救助。他多次面临心理崩溃的困境，诉说自己无法承受的压力。谈到这段时期的挣扎时，他曾这样说道："国外有些年轻的大公司CEO，他们发展比我们快，现在也承受不了压力，问我是怎么过来的。实际上每个人不同时间的心理状态都不同，我们过去根本没想到要做世界第一的问题。有时候我说'要活下来'，并不完全指经济，还包括思想。外界神化我们，是不真实的，现实是我们很无奈。"

但无论如何，任正非一直都在坚持着自己在电信领域内的远大理想，也没有忘记自己对电信行业的热爱。2006年的时候，任正非和朋友在内蒙古的村庄吃饭，见到那些生活贫困的农村姑娘开开心心地唱歌，为3美元的服务费而奔波，他觉得没有理由放弃自己、放弃自己的事业，于是他大哭了一场，并且决定重新振作。

就这样，"坚持活下去"成为任正非给华为的最大忠告和最大期待，无论是身体上、思想上还是精神上，华为一直都坚守这个信念。无论面临什么情况，无论企业发展到了什么地步，任正非都要求华为人不要忘了最初创业的想法，不要忘了最初的目标。也正是因为如此，华为比其他竞争对手都要坚持得更久一些，比其他竞争对手都要更加坚定一些，也更加忠诚于自己的事业。

4．焕发工作热情，调动员工的积极性

无论是在企业管理还是企业经营生产中，都会谈到一个很重要的因素——“热情”。无论是团队的工作热情，还是单个员工的热情，都成为左右工作效率的关键，都会成为影响企业长期发展的决定性因素。正因为如此，每一个企业都会将如何激发和维持员工的工作热情当成管理工作的重点。那么员工该如何保持工作的热情呢？

有关工作热情往往有一个历史性的转变，在不同的历史阶段和时代背景下，企业以及员工都会表现出不同的热情驱动力。大约在20年前，人们提得最多的是员工的忠诚度，员工对工作足够忠诚，对公司足够忠诚，对领导者足够忠诚，就会表现出强大的执行力，就愿意在工作中保持热情。这个时候，整个热情基本上依靠契约关系和上下级关系来维持，是个人责任感的体现。

10年前，情况发生了变化，员工更加倾向于获得满意度。简单来

说，当员工觉得工作环境非常舒适，工作状态以及工作待遇让自己满意，这个时候就会对相关的工作产生好感，就愿意继续待在原有的岗位上发挥自己的价值。这里更加看重的是情感上的一种舒适体验。企业管理者越来越重视员工的心理体验，越来越重视员工的需求。

最近5年，“员工幸福感”成为组织管理的一个重要词语。相比于忠诚度和满意度，幸福感的层次更高一些，这种幸福不仅仅源于物质需求上的满足，不仅仅在于对公司的信任、对领导的认同，更在于对自身所扮演的角色的充分认可，对自身价值得到重视感到愉悦。幸福感强的员工在工作中能够找到快乐，能够体验到成就感和存在感，这是个人归属感的一种终极体现。

不同时代环境下的热情往往具有不同的情感倾向，但它们都体现出了个人对企业、对团队的坚持和信任。对于管理者来说，他们必须主动改变自己的激励策略。比如在20年前就可以侧重忠诚思维的灌输，可以通过物质和精神激励来强化员工的忠诚感，或者对员工进行思想培训，或者借助制度来规范员工的行为。而到了10年前，管理者就要重点关注员工的满意度，需要挖掘并满足员工的需求，确保他们对公司产生更大的好感。在5年前，管理者就要侧重培养员工的幸福感，要让员工产生主人翁的意识并产生“我在这里受到了足够的尊重，我在工作中感到很开心”的想法。

任正非认为，华为的一个最大优点和最大缺点就是“傻”，无论工作好不好干，都会努力去做。任正非对此感到知足，他认为社会想要发展，就总得有人去做事，不能所有的人都是聪明人，不能所有人都想着如何挣钱的方法，不能所有人都制订计划和战略目标，必须有其他人站出来种粮食，有人站出来参加劳动。

有个竞争对手认为华为人似乎永远不知道疲倦，似乎永远都能够保持强大的斗志和旺盛的精力，无论环境多么艰苦，处境多么危险，他们仍旧愿意冲上去，并且可以从容应对。这样的工作表现让人很难击败他们，也让人很难在市场上占到便宜。

这些工作特质和华为的企业文化尤其是奋斗文化息息相关。事实上早在多年前，任正非曾带着研发团队的精英去美国考察，并对贝尔实验室进行参观，结果发现贝尔实验室里的研发人员几乎每一天都在废寝忘食地工作，尽管没有人要求他们那样做，但他们的投入状态令人感到钦佩。那个时候，任正非产生了两个想法，第一个就是要成立一个类似于贝尔实验室的科研机构，这就是后来的2012实验室；第二个就是要打造一支热情饱满，具有奋斗精神和忘我精神的研发队伍。

此外，任正非对于硅谷的工作文化非常推崇。在他看来，硅谷企业的文化和风格是全世界企业都需要的，硅谷之所以能够成为世界科技的中心，不是因为它的地理位置，不是因为它拥有很多出众的人才，也不是因为它拥有强大的资源，最重要的一点在于硅谷人的热情和拼劲。任正非非常欣赏一篇文章《不眠的硅谷》，文中讲述了硅谷人艰苦奋斗的情形，讲述了几代硅谷人争相与时间赛跑的奋斗故事，讲述了硅谷人对于工作的投入与热情。正是因为他们的不懈奋斗和艰苦努力，才使得硅谷在短时间内繁荣起来。这是硅谷精神的一种体现，可以说有关硅谷的创新元素、开放元素、包容元素、合作元素、竞争元素，最终都可以归结到艰苦奋斗和热情工作这一基础上。

任正非回国之后，就认真加速推动这两个计划。其中，为了提高员工的工作状态，为了保障员工可以长时间保持在一个相对热情饱满的状态，任正非一直都在灌输奋斗文化，因此华为成为国内市场、国际市场鼎鼎有名的奋斗团队，团队的竞争面貌和思想层次都获得了质的提高，在工作时，他们更加专注，更加积极。

在华为公司里，加班现象非常盛行，因为华为给予奋斗者更好的待遇，高额的工资以及股份分红给予了员工极大的物质激励，这是保证他们愿意在工作中继续投入的一个重要原因。但是物质激励也是有限的，当员工的收入越来越多时，就会开始追求享受，而且枯燥繁重的工作也会消磨人的斗志和意志力，导致华为内部出现职业倦怠症。任正非就发现随着华为的不断发展，很多员工开始害怕出差和出国，尤其是害怕去一些艰苦的环境中工作，这些现象对华为来说是一个非常严峻的考验，也是一个很严重的问题。因此华为必须强化内部管理，必须打造出更好的工作氛围。

因此，华为对管理制度进行了改革，改变了过去过分强调人的控制力和强迫力，改变了过去那种人盯人，以权力来压制和命令人的工作方法，开始给予员工更多的自主权，给予员工更多的参与度，这样可以激发出他们内在的热情。

不仅如此，华为还一直主张员工要找到工作以外的乐趣，不要因为工作繁忙而放弃了自己的兴趣爱好，每一个人都有享受生活的权利，无论自己在工作中的表现如何，都应该抽出时间让自己放松一下，应该在自己喜欢做的事情当中缓解工作压力，同时感悟生活的美好。正是通过制度保障和文化熏陶，华为人展示出了出色的奋斗意识，并且体现出了强大的工作热情。

5．板凳要坐十年冷

华为公司有这样一句话："在冷板凳上坐的都是一代英豪。"这句话后来又衍生为另外一句话："板凳要坐十年冷。"大意是说华为人要耐得住寂寞，要善于在自己的工作当中保持强大的意志力，要懂得等待机会；想要谋求长远发展，就要沉住心气，确保自己不会因为受到外在的干扰而放弃自己的目标。

简单来说，坐冷板凳就是华为人应该坚持的一种战略耐性，是华为人展望未来、进行发展规划以及坚持目标的重要依靠。这种战略耐性可以从几个方面进行解读，首先就是企业的发展问题。华为的发展一直都受到内部所有人的关注，员工们苦苦奋斗，就是为了确保尽快让华为公司取得突破，击败所有竞争对手，成为世界上最具影响力的公司。但是对于一家发展时间并不算长而且还存在很多不足之处的公司而言，华为人需要保持必要的理性和耐心，需要正视自己目前的发展状态和发展层次，需要正视自身的定位。

在谈到发展问题时，任正非一直关注华为人的思想状态，尤其是在发展初期的时候，企业发展不顺，处处受到限制，而外面的诱惑又多，因此很多人会产生逃离华为的想法，有的人甚至想要华为变成一家房地产公司、一家互联网公司，或者进军股票市场。任正非看多了电信市场的变故，所以非常担心华为内部出现思想松动的迹象，担心华为人可能会失去继续奋斗和发展的信心。

正因为如此，多年来他始终强调华为在壮大之前要懂得坐冷板凳，他一直都希望华为员工学习“乌龟精神”。“‘乌龟精神’是指乌龟认定目标，心无旁骛，艰难爬行，不投机、不取巧、不拐大弯弯，跟着客户需求一步一步地爬行。前面25年经济高速增长，鲜花遍地，我们都不东张西望，专心致志；未来20年，经济危机未必会很快过去，四面没有鲜花，还东张西望什么？聚焦业务，简化管理，一心一意地潇洒走一回，难道不能超越？”

这是从整个公司发展的角度来说的，对于任何华为人来说，他们都需要保持这种乌龟精神，需要尽可能对公司的发展保持最基本的信心和耐心。就像做基础研究一样，许多优秀的公司都非常重视基础研究，并希望通过基础研究来实现技术突破，但是基础研究往往需要一个漫长的积累过程，技术需要从无到有，从简单到复杂，从低级别技术到高级别技术。不仅如此，基础研究本身还需要耗费大量的人力、物力、财力以及时间，如果没有耐心，没有坚持到底的勇气，往往难以做好这项工作。按照华为人的说法，基础研究可能需要几年、十几年甚至是几十年的时间投入进去。

但是在强调对团队发展的专注时，华为人还需要对自己的发展进行关注，尤其是华为人关注的精神问题。华为的晋升比较严格，普通员工想要获得晋升，需要经历很大的考验。就像前面所讲的那样，“需要保证连续3年的绩效都至少达到12分”，这12分并不容易获得，除了需要良好的工作表现之外，还要做到坚持，如果没有等待的勇气和耐心，那么最终也很难坚持到获得提拔的那一天。可以说，这是一个需要不断强化自身工作能力的过程，也是一个不断实现自我完善和自我突破的过程。

为了提高华为人的工作素养，提高整个华为团队的作战力，华为一直以来都在强调对年轻人进行培养，但是培养速度太快，太急功近利，也会对员工产生不良的影响，他们会觉得成功来得太快，会觉得自己能力高于其他人而沾沾自喜。任正非认为“年轻人捧快了，培养快了，弄不好就是捧杀”。由于华为每年都会招收新人，整个队伍越来越年轻化，年轻人虽然带来了活力，带来了创造力，带来了勇气和开创精神，带来了更激烈的竞争和更加开阔的视野，但是年轻人也有很大的缺点，年轻人的耐心不足，经验和阅历都很欠缺，这会阻碍他们在工作中的发挥，会影响他们对自身发展道路的合理规划。

比如，华为曾经打造了一个中试系统。它介于研发部门和生产部门之间，不过和研发部与生产部不同的是，作为测试产品研发成熟度的部门，其内部员工的工资待遇非常低，工作强度很大。最重要的是，这里的员工想要获得升职非常难，毕竟这个系统的发展空间本身就非常有限。当时很多被安排和分配进入这一系统的员工对自己的工作岗位非常不满意，纷纷想要离开这个系统，或者要求公司提高待遇，可是任正非非常诚恳地对系统内的所有员工表态，只有在中试系统坚持下去，才能够获得更多的成长，才能锻炼自己的心性，才能确保自己拥有强大的意志力，这对于以后的工作和成长大有裨益，华为也需要这种能够在艰苦岗位上傻傻坚守的优秀员工。

事实上，任正非的想法很简单，就是希望年轻人要沉住气，能够在冷板凳上多磨炼几年，打磨自己的技术和心性，提升个人对工作的应对能力和掌控能力。中试系统虽然让人长时间坐冷板凳，而且这一系统也没有太大的发展空间，可是华为的很多高层管理者都经过中试系统的历练，正是因为在这一系统内长期坐冷板凳，他们才积累了丰富的工作经验、工作能力以及强大的心理素质。

所以，对于华为人来说，想要获得长远的发展，想要在未来的发展中获得强大的竞争力，最简单的做法就是要有坐冷板凳的心理准备，并且要坚持在冷板凳上磨炼自己。可以说正是因为有了这种心理准备，有了这种制度和文化的熏陶，才使华为可以在隐忍中不断强大和崛起。

6. 发挥工匠精神，提高产品竞争力

在华为的经营管理体系中，任正非曾多次强调了一个重要的词语："工匠精神"，他认为："时代在变，这个时代，企业只有把产品做到极致，才能赢得行业领先和消费者信赖。仅仅是'过得去'的产品是远远不够的，中国制造要'走出去'归根结底还是要靠过硬的品质。"

在任正非看来，德国和日本的技术是最好的，产品质量也是最好的，华为公司和这些国家的企业之间的差距，总结起来就三个字——"高精尖"，可以说，无论是产品还是设备，华为都和顶级企业存在一定的差距，没有最尖端的设备，没有最尖端的材料，没有最好的工作精神，这里谈到的工作精神就是工匠精神。

工匠精神源于日本，它的形成有着深厚的社会背景和文化底蕴。古代的日本并不像中国那样，一直没有受到科举考试制度和王朝周期

性更迭的影响，各社会阶层在本职工作上更为稳定，每一个人的职业身份都比较固定，而这就为他们能够长期地保持稳定输出创造了最佳条件。到了现代社会，这类精神仍旧沿袭下来。

许多人去过日本企业考察，发现日本企业中有一个非常奇特的现象，那就是很多企业并没有所谓的产品检验部门。这让人感到疑惑，都知道日本企业以产品质量为傲，怎么会没有成品检验部门呢？但之后经过了解才发现，日本企业非常重视产品的研发和生产，可以说会经过无数次的认真打磨才会变成成品，而打磨好的成品就不用担心会出现什么问题了。

日本很多很小的企业都会坚持某一项事业几百年时间，也许只是一道美食、几颗螺丝、一把雨伞、一块手表，但是它们仍旧可以坚持下去，并且不会做出任何改变，直到自己的技术被打磨到炉火纯青的地步。有一家叫树研工业的企业，曾花费6年时间生产出世界第一的十万分之一克的齿轮，当时完全可以将产品推向市场，但那时为了推动制造技术的发展，这家公司又花费4年时间批量生产出重量为百万分之一克的超小齿轮，据说这种齿轮只有5个小齿，直径0. 147毫米，宽0. 08毫米，这样的“粉末齿轮”对于工艺的要求可想而知。

尽管这些企业常常被人说很傻，常常会被误解为缺乏战略扩张的野心，但华为公司一直希望能够像那些伟大的日本企业一样具有工匠精神。在过去31年时间里，任正非带领华为公司一直坚守在通信领域，这本身就是对电信产业的坚持，是一种工匠精神。而在具体的工作中，华为人更是将其发挥到了极致，比如在2016年4月，华为在伦敦推出了首款配置徕卡镜头的双摄像头手机华为P9。作为一款双摄像头手机，华为P9能够消除凸起并尽可能将摄像头做到流畅、美观，其中的工艺难度非常大。据说这款手机涉及了800多个元器件和上千种一级原料，想要确保每一个环节都不会出错，的确需要强大的制造能力和技术标准。

还有一次，华为在测试某款手机时，发现这款手机掉地上之后摄像头的致损率为1/3000，致损率并不高，完全在合理范围内，但是华为人并没有这么想，他们不仅花费了数百万美元来进行测试，还想办法对制作工艺进行改进。另外，有一款热销机型出现了一些小问题，华为对此不太满意，于是直接关停了生产线，对问题重新进行整改，而仅仅是这样一个举措就直接导致数十万产品延迟发货。许多人认为华为没有必要做这样的“傻事”，毕竟不是所有的产品都存在问题，而且这些小问题本身就不重要，但是对于华为而言，保证产品的工艺和质量远远要比眼前的利益更加重要。

虽然华为的发展和扩张速度很快，但在产品和服务上，华为人始终坚持慢工出细活的原则。华为终端903董事长余承东也表示：“28年来，华为一再强调要有战略耐性，要耐得住寂寞，扎扎实实把质量做好。要像长跑一样，坚持在注重质量这条道路上走下去。”因此，华为对于员工的工作能力、工作状态非常看重，公司一直积极鼓励员工学习工匠精神，在各自的工作中展现出匠人的特质和状态。

任正非认为一个企业价值创造的载体是员工，因此他提出一个评价系统，通过四个方面来评价员工的能力：第一个是价值创造的能力，这属于能力评价的范畴；第二个是在价值创造中的地位，这属于责任与风险承诺；第三个是在价值创造中的表现，这是态度；第四个是价值创造的结果，这属于贡献。精益求精的工作状态则包含了以上四个方面，即对个人能力的提升和挑战，对个人在价值创造中责任的强化，对个人价值创造态度的改善，对价值创造结果和贡献的保障。

不过工匠精神并不意味着频繁变革，并不意味着完美主义，为了避免发生错误，任正非曾经明确提出了变革的7个反对原则，其中第一条就是“反对完美主义”。对任正非和全体华为人来说，完美主义并不是真正的认真，并不是真正的精益求精，完美主义往往不会带来实质性的进步，不会推动技术的进步和改革的完善。所以在追求不断完善和精进的时候，华为还是应该保持适度原则，避免用力过度而落入完美主义的陷阱。

HUAWEI

SPIRIT

华 为 精 神

第四章

为客户服务是华为存在的唯一理由

华为打造的多梯队服务本质上也是一种“以客户为中心”的准则，各个梯队之间相互衔接，形成了一个比较完善的流程。在这个流程中，人才队伍被激活了，而且由于分工明确，且具有目标的一致性，华为公司可以对目标市场做出更快的反应，确保自己能够在更短的时间内占领目标市场。

1．以市场为导向，以客户为中心

对于华为和其他运营商、合作伙伴、客户之间的关系，任正非打过一个非常有趣的比方：“华为展台有一棵树，上面的树枝上结了许多果子。这棵树干就是我们的大数据管道，树干支持很多树枝，树枝上的果子是千万家内容提供商与运营商的业务。我们的‘云’的原则是上不碰内容，下不碰数据，而是支撑平台，这同样也是管道。树干上面挂了很多果子，其实就是运营商、内容提供商等各种商，几千家、百万家将来都在这棵树上开花，服务社会。根在哪儿呢？根在最终客户那个地方。我们从客户身上吸足营养，这样会使得我们的树干更强壮。”

正因为如此重视客户的价值，所以任正非一直强调：“我们有两个决策体系，一个决策体系是以技术为中心的理想体系，一个决策体系是以客户需求为中心的战略Marketing的现实主义。两个体系在中间强辩论，然后达成开发目标妥协。”

“以客户需求为中心的战略Marketing的现实主义”，实际上指的就是按照市场的需求，按照客户的需求来安排自己的工作，这正好迎合了华为“以市场为导向，以客户为中心”的服务原则。华为内部有这样一种说法：“做企业一定要清楚，我们客户的价值主张是什么？以前我们是闭门造车，后来大家说要营销，产品不光做得好，还要卖得好。于是很多企业就把自认为做得好的东西推销给客户，像用一个高压水龙头对着客户冲，把客户冲得落花流水，那客户还会买你的东西吗？”

许多人总是想着如何搞定客户，这种想法无疑会弄巧成拙。了解客户的现实需求，了解客户最想要获得什么东西，这才是正确的营销之道。在华为人看来，无论做什么事情，其中的90%都是基于价值的决策。在服务客户方面，华为公司内部有一个非常重要的理念，那就是“当客户购买了一个钻头，我们要帮他获得他要的孔洞”。按照华为人的理解，客户购买钻头并不意味着就能够获得自己想要的孔洞，客户有没有钻孔机，有没有电源，掌没掌握钻孔机使用的方法，这些问题都需要华为去解决并提供帮助。其实客户或许真正需要的是使用钻孔机来获得自己想要的利益，华为应该帮他们实现这个目的。因此华为人一直都在积极倡导着要把握客户的最终需求，华为有可能成为卖秤的那个人，也可能成为卖秤砣的那个人，因为一旦卖秤砣的人没有及时提供产品，那么华为在卖秤的同时，也要想办法为客户提供秤砣。

以市场为导向，以客户为中心，不仅包含了迎合客户的需求和消费模式，为客户提供便利，还包括迎合客户的价值观念和文化体系。2018年9月29日，任正非在内部的公共关系战略纲要汇报会上做了重要讲话。在汇报会上，他谈到了西方国家对华为的不信任和排斥问题，谈到了开拓欧美市场的一些风险和问题。其间，他提出了自己的看法，那就是尽量迎合对方的价值观和想法：“我们要解决在西方遇到的问题，首先要充分认识西方的价值观，站在他们的立场去理解他们。

“亚、非、拉发展中国家很容易接受我们的观点，日、韩也还好一点，欧、美很难。如果我们和西方价值观不一样，怎么进得去西方？那他们就会认为我们是在进攻。他们一定会把墙越筑越厚、越筑越高，我们的困难就越来越大。我们这些年，都是采取中国的思维方式去理解世界的格局，去揣测西方的意图。而要对世界有充分的了解，必须站在西方的观念上理解西方。”

在任正非看来，不同的市场，不同市场上的客户具有不同的价值观体系，如果企业想要拉拢这些客户，就要迎合客户的需求和想法，迎合他们的文化习俗以及价值观念。

华为人始终坚信一点，一个公司的品牌或许并没有想象中的那么重要，真正重要的是企业必须能够真诚地为客户提供服务，能够以最好的服务态度面对客户，这样客户自然会接受企业的品牌。因此像过去一些企业单纯地进行品牌宣传的做法是错误的，塑造一个好的品牌首先就要在提供优质服务的基础上让这个品牌深入人心，而只有坚持以客户为中心才能真正将服务质量提高上去，才能让品牌被市场接受和认可。

一位华为公司的销售经理在2011年给法国里昂商学院写了一封信，他在信中提到“我们圣诞节也没有假日”。许多人对此感到诧异，在这个西方国家最重要的节日里，华为完全可以休息一下。但华为公司的客户知道他们在一周七天时间的任何一分钟都能呼叫到华为的技术人员，这一点是其他竞争对手不具备的。宾夕法尼亚大学沃顿商学院后来将华为公司的“无休假客户服务”写进了工商管理的案例。

以客户的需求为中心，往往包含了出色的服务态度和服务理念。比如很多公司在面对客户时，往往会以“准备工作不足”“意外事件的干扰”“客户的想法太多”“客户提问题不够及时”“这是其他部门的分内之事”等借口搪塞过去，但对于认真负责的企业来说，服务没有任何借口可言，当客户不满意的时候，当整个服务过程出现纰漏时，就意味着服务工作做得不到位。

华为的营销体系以客户为中心，而具体的管理体系由四个维度组成：正确地选择高价值客户，客户需求导向的服务流程，端到端服务客户的组织，创造客户价值的能力构建。

对于任何企业来说，由于自身的发展资源非常有限，所以必须把握最适合自己的那些客户，而且必须优先选择那些能够带来高价值的客户，同时，企业必须确保客户与企业发展的战略方向、发展愿景相匹配。其实华为早在1996年就开始梳理华为公司未来的客户是谁，当时华为梳理了全球100个最有钱的运营商，经过30年的发展，华为真正的大客户数量有500多家。华为人一般会把客户分为四类，然后他们会在最优质的客户身上投放最优秀的资源，而且能够确保自己只要把握最有价值的客户，就可以创造6000多亿元的产出。

拉拢高价值的客户之后，就要提供最优质的服务。而按照华为的理解，最好的服务源于完善的流程，华为最初将业务当成流程，结果造成了内部机构的臃肿和办公的烦冗。之后，又将流程当成了业务最佳路径进行总结，认为所有实现目标的路径中总有一条是最优的，这条最优路径就是流程，但这样的流程不具备随市场变化而变化的弹性，没有动态修复的能力。到了现在，华为人认为流程是业务的最佳路径，以及保障公司能够行走在最佳路径上的能力的集合。

搞清楚流程并不意味着就可以占据市场，企业想要获得发展，关键在于为客户提供服务和价值，在于为客户提供长期的合理的问题解决方案，而解决方案的核心就在于价值主张。很多企业依靠着客户关系、品牌以及商务营销能力去冲业绩，所提供的产品与方案只是确保让客户能用，根本没有思考过企业产品和服务具有什么独特价值，没有把企业的综合实力归结到为客户创造价值的本质上来。

2．华为公司的服务铁三角

管理大师彼得·德鲁克说过：“当今企业之间的竞争，不是产品之间的竞争，而是商业模式之间的竞争。所谓的商业模式，主要是指顾客价值的定义、传递、获取的整个过程。”德鲁克提到的这种全新的商业模式和人们以往所熟悉的商业模式有所不同，它看重的不再是成本控制和规模上的扩张，而是对顾客价值重新进行定义，重点关注顾客的价值以及持有成本。

在新商业模式下，客户会被小众化细分，满足客户的需要和期望成为发展最重要的目标之一，企业也会识别和理解客户的需求，并作为内部决策的重要依据。在了解需求的基础上，公司才着手调查和了解客户的持有成本，尽量提供最实惠的成本来满足这些需求。华为的铁三角模式就是一个典型的新商业模式，其内部的运作模式、工作模式都是为了满足客户的基本需求和期望。

华为公司多年来一直都在借鉴IBM的成功发展模式，并且引进了IBM公司的管理体系。其实IBM最初也是依赖技术、硬件和软件来打动客户，技术上的巨大优势的确为它带来了丰厚的收益，可是随着技术更新换代加快，硬件和软件开始进入快速贬值的阶段，IBM再也难以提高自己的营收。这个时候大企业病开始爆发，于是IBM进行管理体系的改革，而其中一项就是服务体系的变革，变革者在整个管理中增加了服务客户的分量，强化了服务的价值。经过10年时间，IBM最终实现了服务价值的大飞跃，整个公司的服务收益竟然占到了总营收的35%，这样的数据再一次让IBM站到了世界的前列。

IBM的成功让华为产生了更多有关客户服务的想法。在华为的发展过程中，同样免不了大企业病，免不了服务体系的落后。虽然华为多年来一直都表现出了良好的工作态度，表现出了很好的服务态度，但仅仅拥有好的态度还是不够的，还需要拥有更好的服务质量和效率，需要及时了解客户需要什么并解决相关的问题。这些问题一直困扰着华为，再加上服务方面的问题越来越严重，这对于华为的国际化扩张计划显然非常不利。那么究竟应该如何打造合理的客服体系呢？华为一直没有找到更好的思路，只能在实践中慢慢摸索。

2004年，华为公司进入苏丹市场，并且在短时间内就取得了骄人的业绩，业务量不断增加，但是当生意越做越大时，内部沟通不畅，各部门营造部门墙的情况变得非常严重，这直接导致整个团队无法及时进行信息共享，也无法拧成一股绳来服务客户。2006年的时候，一位客户因为对华为团队的执行方案不满意而提出了疑问，结果各部门不仅反应迟钝，而且相互推诿，各部门的代表当面向客户解释各自的工作情况，这让客户非常失望。客户代表当时就愤怒地指责了华为团队："我们要的不是一张数通网，不是一张核心网，更不是一张TK网，我们要的是一张可运营的电信网。"

很显然，这个客户代表正在失去耐心，他对于华为团队的被动响应、拖延行动感到非常不满。面对客户的爆发，团队这个时候才开始意识到自身问题的严重性，才意识到应该尽快调整自己的组织与客户组织匹配，而想要做到合理匹配，就要做好客户界面。在那之后，团队主动做出调整，安排了一个三人组来负责业务拓展和服务，其中一人负责客户关系，一人负责交付，一人负责产品与解决方案工作，三个人明确分工，有效明晰了各自的职责，并且实现了工作的统一。这种客户经理、产品经理和交付经理一同办公的场景很快成为华为团队工作的常态化，由于大家相互沟通、各司其职，有效避免了过去各顾各的低效率工作模式。

2007年，负责苏丹市场的彭中阳在给公司领导写工作汇报的时候，将这3年来的业务拓展情况和管理模式进行了总结，他重点回顾了客户、产品和交付紧密联系的模式，然后突然意识到完全可以在苏丹市场以及其他海外市场推广这种三角组合模式，他称之为"铁三角"。

铁三角须要合作精神，负责不同业务的执行人应该主动打破部门墙，建立有效的沟通，但最重要的是具备优秀的服务意识，毕竟整个铁三角就是为客户服务的，运作的基本流程也是为了让客户获得最满意的服务，它是真正以客户为中心的一套客服模式，高效简便。

铁三角组合的成功模式很快在整个海外市场推行开来，华为公司开始致力于进行组织结构和人力资源机制的改革，并且在实践的验证下很快确定了“以代表处系统部铁三角为基础，轻装及能力综合化的海军陆战队式的作战式”队形，这种作战式有助于公司培育机会、发现机会并及时把握住机会，实现小范围完成对合同获取、合同交付的作战组织以及对中大项目支持的规划与请求，有效提高公司的服务效率和服务质量。

多年来，华为的铁三角组合在国际市场大显神威，有效解决了服务效率低下等问题，提高了华为服务质量，华为不再是过去那家仅仅为客户提供产品的公司，不再是一家仅仅只懂得如何谈生意的企业，而是一家将产品和服务都努力做到极致的跨国公司，而华为公司的品牌形象也因为铁三角模式的推广而日益深入人心。

3．简化工作流程，让一线做决定

在物理学上，有一个专有名词叫“熵”，是指热能除以温度所得的商，它表现了热量转化为功的程度。在能量转化的过程中，熵会不断增加，其中，熵的增加往往意味着有效能量的减少，或者说无效能量的增加。反过来说，熵的减少意味着有效能量的增加。最近几年，一些企业家开始将这一理论运用到了企业组织改革当中来。

比如，当一个企业的经营发展规模越来越大时，管理的复杂程度就会增加，相关的流程和环节也会增加，这个时候就会产生大量冗余的东西，或者说企业中无法创造价值的东西会越来越多，而边际效益则会产生递减。加上外部技术的进步，竞争环境的变化，新商业模式的推出，以及产业周期性规律的影响，企业会面临诸多威胁，创造价值的功能会一步步降低。如果不能及时有效地做出调整，可能就会导致企业发展陷入困境。

熵的增加带来的主要问题就在于内部机构过于臃肿，沟通层次无端增加。大企业的一个重要弊端就是灵活性不足。由于体量太大，规模太大，大企业的市场反应能力相对较差。因为企业越大，内部的层级机构就会变得越来越多，而当机构增加太多时，就会导致内部信息沟通交流出现问题，所以企业下达的指令想要完整而快捷地传输到一线或者基层，会变得非常困难，容易错过最佳的执行时机。同样地，基层的相关反馈和汇报在向上传达的过程中，也容易出现误差和损耗，而且在时间上的消耗非常大。

在管理学上，有一个著名的沟通漏斗理论：一个人想要表达100%的信息，但是在传递信息的时候，可能只能传递80%的信息。而在内部沟通环境、心理状态、交流方式的影响下，接收信息的人只接收到60%的信息。在这部分信息中，能够理解的信息也许只有40%，等到最终执行的时候，大概会跌到20%的水准上。

谷歌公司的掌门人埃里克·施密特对此深有感触，他说："有一种矛盾，几乎所有的企业都难逃其扰：虽然人人都声称希望通过扁平式结构拉近与上层之间的距离，但实际上，多数人仍然从心底希望等级制度延续下去。而创意精英们却不然，他们之所以渴望扁平的企业结构，并不是因为他们想与上层平起平坐，而是因为他们希望多干实事，因此需要加深与决策者之间的沟通。为了满足创意精英们的这一需求，拉里和谢尔盖尝试过取缔整个管理层，还将这次改革称作'解散组织'。"

随着华为的不断壮大，拥有越来越多的权力和资源，这些都为华为的发展带来了更好的积累，但与此同时，负面影响力也在上升，那就是华为公司的决策机构正在逐步远离一线战场。不仅如此，为了控制住扩张带来的运营风险，华为公司开始设置越来越多的流程控制点，并且上级通常都不愿意授权给下级，高层不愿意授权给中层，而中层又成为下层执行的最大障碍，内部由此滋生了严重的官僚主义和教条主义。这种工作模式的最直接影响就是，最前线的“作战部队”不得不花费大量时间频繁地与后方进行往返沟通，资源调动能力、决策时效都在快速下降，他们花在找目标、找机会以及将机会转化为结果的时间上还不足1/3。随着战线的拉长，这种情况变得越来越棘手、越来越严重，这个时候华为的决策体系和沟通体系都面临着改革的压力。

任正非也很快意识到了层级过多带来的弊端，他明白华为的技术、人才、现金以及发展经验都不是问题，真正会对华为的发展产生阻碍并对未来发展制造麻烦的可能就是相对滞后的市场反应能力。据说，华为从一个需求发现到产品实现、交付、最后的回款，整个过程走下来往往要经过470个人审批，其中销售合同大概就要盖23个章，一个站点的验收要签600页的文档，这样的业务现状可以说非常低效。

正因为如此，他一直都在强调内部机构的简化，压缩内部的层级机构，也一直都在强调对层级结构进行改革，改变过去那种简单地按照层级进行沟通的模式。经过多年的实验和改革，华为公司逐步形成了一个将事业分工和专业职能分工有机结合起来的扁平矩阵结构。

在横向上，公司设立区域组织（职能专业化），这些区域组织坚持以客户为中心的工作原则，为业务单位提供支持、服务和监督。在纵向上，公司始终坚持以客户需求来确定各自的目标、考核以及管理运作机制，于是设立了四大业务运营中心以及经营管理团队（业务专业化）。这种巧妙的结构提升了市场部门的权限，有助于提升市场反应能力，强化企业高层与客户之间的联系。

2009年，华为公司总裁任正非发表了《让听得见炮声的人来决策》的讲话，并重点提到“后方配备的先进设备、优质资源，应该在前线一发现目标和机会时就能及时发挥作用，提供有效的支持，而不是由拥有资源的人来指挥战争、拥兵自重。谁来呼唤炮火，应该让听得见炮声的人来决策”。

在任正非看来，一线员工对于市场最具发言权，他们可以在第一时间了解市场上的变化和一些重要的信息，可以在第一时间做出相应的判断并制定应对措施，公司高层应该给予他们这样的决策权，或者说华为的决策权应该向一线倾斜，确保对市场的灵敏度和应对能力。

在这里，不得不佩服任正非改革的勇气和远见，可以说正是因为他能够坚定地进行决策转移，能够坚决地提升一线的自主权，华为才能够在市场上保持强大的活力和竞争力。

4．把好质量关，力争零缺陷

2016年3月29日，“中国质量奖”的颁奖仪式在人民大会堂举行，而华为不负众望最终获得了这一重量级奖项。作为中国质量领域最权威的奖项，“中国质量奖”的获得意味着该企业的质量水平达到了最高级别，因此当主持人喊出“华为”的名字时，坐在角落里的任正非会心一笑。

2018年1月，华为公司刊登了《对经营管理不善领导责任人的问责通报》，在通报中，公司对部分经营单位和部门内的经营质量事故和业务造假行为进行了严厉批评和惩罚。据说当时相关部门的高管每人罚款50万元，而任正非作为最高领导者，同样罚了自己100万元，这一通报事件引起了强烈的反响。

这两件事都有一个共同点，那就是体现出了华为在产品质量方面的重视。20世纪90年代，华为率先学习全面质量管理方式，并且从德国国家应用研究院引入专家作为质量管理顾问，然后在顾问的帮助下对21条生产线的工艺和质量控制进行了重整。不仅如此，华为很快在《华为基本法》中将质量问题法制化，比如，在第七十八条中这样描述质量方针：“1．树立品质超群的企业形象，全心全意地为顾客服务。2．在产品设计中构建质量。3．依合同规格生产。4．使用合格供应商。5．提供安全的工作环境。6．质量系统符合ISO9001的要求。”

在第七十九条中又特意强调了质量目标：“1．技术上保持与世界潮流同步。2．创造性地设计、生产具有最佳性能价格比的产品。3．产品运行实现平均2000天无故障。4．从最细微的地方做起，充分保证顾客各方面的要求得到满足。5．准确无误地交货；完善的售后服务；细致的用户培训；真诚热情地订货与退货。”

《华为基本法》中明确强调了一点：“我们的目标是以优异的产品、可靠的质量、优越的终生效能费用比和有效的服务，满足顾客日益增长的需要。质量是我们的自尊心。”而任正非本人对于质量更为看重，他直接将质量问题上升到生存问题，并且认为忽视质量就是一种自杀行为。为什么要这么说呢？对此丁耘分享过一组华为的工作数据：在国内市场，维修人员去一次基站站点维修，产生的人工成本为500元至1000元人民币；如果在欧洲，那么维修人员所耗费的成本要达到500欧元至1000欧元一次。也就是说，如果设备出现了问题，那么就将带来很大的成本消耗，而去欧洲维修的话，可能会将自己在基站上挣到的钱全部赔进去。正因为维修的成本太高，华为开始想办法保障产品的质量。

由此可见，华为一直对建立一个完善的质量体系具有殷切的期盼，不过由于华为最初的发展起点偏低，它需要在发展过程中慢慢完善这个体系。严格来说，华为在发展过程中对于质量体系的建立一共经历了三个阶段，这三个阶段也代表了华为公司发展和扩张的阶段。

在华为早期进入国际市场时，技术水平不高成了一个硬伤。毕竟技术水平不高会影响产品的质量，而低价策略和良好的服务并不总是能够消除质量问题带来的质疑，而且从长远来看，质量决定了市场，如果产品质量不过关，那么华为公司迟早会在国际市场上惨淡收场。

对于这些问题，华为早就非常关注，但是技术并不是短时间内就可以迎头赶上的，在一个面临国际巨头技术封锁的环境下，华为想要在技术上实现重大突破就需要花费大力气。后来，随着印度软件的崛起，华为意识到印度企业或许拥有这方面的经验，于是很快就决定在印度建立研究所，并成功引入能力成熟度模型（它是对于软件组织在定义、实施、度量、控制和改善其软件过程的实践中各个发展阶段的描述），作为华为产品质量体系的第一阶段的标准。

当第一阶段的标准建立起来之后，华为公司的质量的确有了很大的保障，但还谈不上高质量，和德国、日本、美国企业的差距还非常大，而且依靠能力成熟度模型建立的第一阶段质量标准，华为并没有完全赢得市场的认同。原因很简单，由于社会经济发展水平不同，地域环境和文化不同，不同国家往往会坚持按照不同的质量标准，有的国家认同华为的质量标准，有的公司并不认同，这对华为来说是一个挑战。因此华为千方百计地在不同市场上制定了不同的质量标准，严格按照对方的要求行事。为了达到国际市场不同的质量考核标准，华为干脆建立起“集大成的质量标准”，使用不同的量化标准迎合市场需求。这种灵活的、迎合性的质量标准成为第二阶段的标准体系。

在第二阶段，华为公司追求的是让所有客户满意，但是对于一个想要将产品质量做到极致的企业来说，这还远远不够，毕竟其他公司也同样可以做得很出色。任正非为此多次组织和召开质量研讨会，并且制定了“质量四项基本原则”，包括质量的定义、质量系统、工作标准、质量衡量四个方面。不久之后，华为人开始追求产品的“零缺陷”，他们不再单纯地以市场为导向，而是在市场标准的基础上，强化这些标准，并推向极致。这个时候华为已经进入质量体系的第三个阶段，而在这个阶段，华为旨在建立相应的产品生产标准和检验标准，建立更加完善的产品质量管理体系和产品质量管控的企业文化，确保“产品零缺陷”的想法深入人心。

当然，想要完全做到零缺陷是不可能的，错误率是业务运行的必然，华为人也意识到零缺陷本身就是一个理想，而不是现实。为了确保在内部顺利推行产品“零缺陷”的目标，华为公司会对质量管理的相关负责人进行考核，公司会设定一个基本的标准和目标，然后负责人需要确保自己一年的质量管理业绩符合标准，否则将会受到惩罚。

华为多年来一直实行CEO轮值制度，而每个轮值的CEO都必须设定一个质量目标，争取将产品质量做到业界最好，如果已经成为业界最佳，则每年应该以不低于20%的速度进行改进，以此来建立一个大质量观。

通过对质量零缺陷以及大质量观的确立，还是可以看出华为人的工作态度以及野心，华为人正试图成为行业标准的确立者。相比于其他企业一直试图倾听和了解顾客需要什么，华为会告诉客户他们需要什么样的产品，而这使得华为有效地把握住了市场的脉搏。

5．把对客户的诚信做到极致

在华为的培训教材上，有这样一个案例：有个华为员工因为正处于培训阶段，没有足够的工资买教材，所以他准备去影像店租赁一部价值千元的DV器材，并且希望老板可以暂时免除押金。对于任何一家店的老板来说，拒绝都是合情合理的，不出所料，该店老板当天也直接拒绝了对方提出来的请求。就在这个时候，这个员工声称自己就在华为上班，等发了工资就会立即将器材的租金补上。当店老板听到“华为”这两个字后，直接表态对方不用交押金就可以领走这个器材。很显然，“华为”两个字就是最好的招牌，也是最大的诚信。

诚信是为人处世的一个基本原则，而在服务客户的工作中，诚信的作用更为明显，可以说诚信是提升企业形象、提升客户好感度、赢得客户认同的关键要素之一。对客户的许诺要说到做到，不能嘴上说一套，背后做一套，不能在行动上表现得名不副实，不能欺骗客户的情感和信任，产品和服务必须和之前许诺的或者广告上表现出来的一样，不能弄虚作假，更不能出尔反尔。

任正非曾经告诫华为人，公司经营的目的是合理赚取利益，而不是欺诈客户，帮助客户实现自身需求，实现共同成长，这才是华为的最终目标。有些企业为了将规模做大，为了将利润提升，就会在客户面前做一些超出能力范围的事情，比如客户要求月底交付5000件产品，可是依靠公司的生产能力只能交付4500件产品，这个时候生产公司可能就会盲目追求产能和速度，这样就导致产品的质量受到影响，并且辜负了客户的信任。还有一些企业为了增加产值和收益，会主动接受一些烂合同，承包一些烂业务，结果严重影响了公司的品牌形象。

这些事情在华为公司绝对不允许发生。为了维护良好的形象，华为一直都在强调实事求是地谋求发展，强调对品牌价值的维护和提高。2014年，华为提出了要继续落实管控机制，公司明确做出规定，全球范围内的华为员工都必须遵守《华为员工商业行为准则》，为了确保所有人能够理解这一准则，公司会安排一年一度的全员培训，强化员工的诚信意识。

在美国，有很多公民档案也叫个人诚信档案，档案中记录的是个人在日常生活和工作中的状态，尤其标注这个人是否存在一些违背信义的经历。每一个人的诚信档案都清清楚楚地记录了他的个人状态以及计算出个人诚信的程度。当一个人的诚信分数很低的时候，就意味着他并不是守诚信的人，公司和同事会在工作中排斥他，银行也不会为不守信用之人提供贷款，周围的人也许会试图逃离和远离对方，避免受到不良影响。华为同样要求所有员工建立起诚信档案，如果在档案中存在污点，诸如欺诈客户或者一些不守信用的行为，那么这个人不仅无法获得提拔，很难在华为生存下去，而且在整个行业内的名声也会受到影响。

除了对自己做出严格的要求之外，华为还要求自己的合作伙伴也要诚实守信，这样才能确保华为的原材料供应不会出现差错，才能确保华为在合作中的产品和服务不会出现差错。比如在2000年前后，IT行业遭遇了寒冬，许多相关企业都不景气。为了生存，一些企业开始想办法偷工减料，试图减少成本，减缓生存的压力，当时有很多上游的供货商提供了质量不过关的元器件，结果导致客户怨声载道，华为公司为了坚持对客户负责的原则，直接全面更换了客户的产品，确保客户的利益不受到一丝一毫的损害，同时也维护了自己守信用的完好形象。

这类情况在这之后也发生多次。由于华为手机摄像头中经常会用到一个对焦马达，而固定马达时要用到一种特殊的昂贵胶水，这种胶水会影响手机在拍摄时的对焦灵敏性和速度，有的用户曾反映华为手机的摄像头对焦很差，这让华为的运营部感到忧心，经过调查，他们发现一些供应商在提供胶水时以次充好，而且没有按照特定比例将胶水用于固定马达。为此华为公司对供应商严格进行甄选，同时要求他们必须强化质量管理，避免出现质量问题。

还有一次，有的用户反映华为手机的充电线特别容易断裂，这个问题引起了余承东的关注，他马上指示相关部门立即着手进行调查，结果发现一些供应商为了降低成本，私自减少了制造电线时所需的一些微量成分。这让余承东非常生气，立即中断了和对方的所有合作，并且还将这个事情告知所有的供应商。

为了避免供应商弄虚作假，华为一方面要求对方纳入自己的诚信管理体系。《华为合作伙伴行为准则》中明文规定：“禁止合作伙伴通过虚假项目、虚增客户需求、阴阳合同以及提供虚假签收单、虚假验收单等方式协助华为员工确认虚假收入、提前确认收入、故意延迟确认收入等。禁止合作伙伴通过任何形式伪造华为公司印章和公文函件。”

为了避免合作伙伴违反诚信原则而影响华为的市场业务，华为公司还直接对所有合作伙伴、供应商提出了一个要求，那就是必须签署反贿赂的诚信廉洁协议，以此来保障公司的利益，并维持合作双方关系的稳定。许多人都会觉得华为也许只是做做样子罢了，但事实上，华为这些年已经因为诚信问题取消了和许多诚信不佳的客户之间的业务。通过这个诚信廉洁协议，华为强调了自身对诚信的重视和坚持，从而有效维护了自身的品牌形象。

另一方面，华为加强了对供应商提供的材料的检测力度，为此华为花费大量人力、物力、财力和时间，自主开发和购买了一些先进的检测设备来测试和拦截单个器件、单个模块上的潜在不良产品，尽量杜绝各种隐患，以确保用户可以使用最好的产品，确保用户可以获得更好的消费体验。

华为向来非常重视诚信，诚信问题成为华为拓展商业版图、开拓市场的一把利器，也是做生意的一个基本原则。正如华为人所说的那样：“华为多年来铸就的成就只有两个字——‘诚信’。诚信是生存之本、发展之源，诚信文化是公司最重要的无形资产，诚信也是每一个员工最宝贵的财富。”任正非也曾说：“华为走到今天，就是靠着对客户需求宗教般的信仰和敬畏，坚持把对客户的诚信做到极致。”

6. 运用多梯次、多路径的策略进行市场攻坚

打造阶梯队伍一直是华为公司非常重视的问题，也是华为管理的一个特色。比如在进行人才培养的时候，任正非曾经谈到要打造阶梯形人才队伍，确保人才更替的可持续性。在市场攻坚方面，华为为了打造一个更好地服务于市场、服务于客户的团队，也一直积极倡导打造一个强大的阶梯队伍。

至于这个阶梯队伍应该如何打造，应该具备什么样的作战理念和作战方式，拥有什么样的作战人员和作战功效，任正非曾经在谈话中进行了详细的描述："比如我们现在要攻一个'山头'（指产品），主攻部队集中精力攻克'山头'，他的精力是聚焦在现实主义的进攻，'山头'攻占下来，他已经消耗殆尽了。我们还有第二梯队，不仅考虑'山头'，还要考虑'炮火'延伸问题，比如攻下'山头'下一步怎么办，未来如何管理，武器还有什么缺点需要改进……他要在

更宽的范围内改进作战方式。

“第一梯队打完仗以后，可能就分流了。有一部分人员走向市场、服务、管理……有一部分人员继续编成新队伍前进，和第二梯队融在一起，拓宽了战役面。分流到其他地方的人不是不行，攻下‘山头’，他是最明白产品的人，在市场中先知先觉，在服务中是最明白、最有能力的人，在管理中吸取了总结的经验教训，这个人的成长根据他个人的特性也充满机会。

“第二梯队在冲上去时，已经不是用‘步枪’‘机关枪’，他带着‘坦克’‘大炮’等各种新式武器进攻，所以进攻能力更强。

“第三梯队，研究多场景化。攻打‘大山头’和‘小山头’的作战方式不同。比如，市场需求有东京、北海道，还有北海道的农村，这叫多场景化。不能把东京的设备放到北海道的农村去，那太浪费了。同一个产品在对应不同客户需求时，出现不同形态，至少把成本和能耗降下来了。

“第四梯队，从网络极简、产品架构极简、网络安全、隐私保护入手，进一步优化产品，研究前面进攻的武器如何简化，用最便宜的零部件造最好的设备。第四梯队根据第一、二、三梯队的作战特点，简化结构，大幅度提高质量与降低成本；加强网络安全与隐私保护。”

按照任正非的说法，华为在开拓市场的时候，应该坚持多路径、作战队列多梯次的进攻策略，打造多场景化的客户服务模式。所谓的场景化并不是固定的模式，而是依据客户的具体需求提供服务。但华为坚持一个重要的原则，那就是保持自身的独立性，不能完全被客户牵着走。华为并不是一味满足客户的需求，不是完全跟着客户走，这样太容易导致生产研发技术的碎片化。

华为多年来始终坚持以哲学的观点来看待客户，一方面积极按照客户需求制定各种服务，这些服务非常到位，基本上都能够满足不同客户的不同需求，可以说体现出了华为最精致的服务态度。但另一方面，华为一直在强调和呼吁队伍要保持自身的独立性。虽然华为为了确保敏锐的市场嗅觉，为了提高服务质量，一直都与客户进行积极沟通，但是他们也意识到一个问题：客户提到的事情不一定就是需求。有时候，华为提供的产品不一定迎合客户的需求，尽管客户之前数次谈到这些东西，为了避免出现差错，华为一般会提前与客户深入沟通，然后尽快做出合适的科学样机，这些科学样机可能过于理想主义，可能是高尖端技术合成，因此会产生很大的成本，华为会对相关的环节和要求进行合理控制，并且制定了一个基本原则：这些技术和产品必须能够具备相应的功能，这样既可以迎合市场需要，还能降低被市场抛弃的风险。

接着第二梯队努力将理想化的产品商业化和产业化，将科学样机变成兼具可实用性、可生产性、可交付性、可维护性的商业样机。需要注意的是，商业样机并不是商品，商业样机还没有完全脱离实验室数据的约束，还没有脱离一些理想化的设置，它的成功并不意味着可以立即投入市场，样机还需要接受市场的检验，还需要再次确认是否与客户需求完美对接，因此华为需要再一次与客户进行沟通，明确相关事宜。

沟通之后，一切顺利的话，华为就会把握住产品生产和发行的要点，之后，第三梯队开始分场景进行开发，以便更快地满足不同客户的需求，同时致力于将高昂的新产品价格降到一个更容易接受的程度。在这个过程中，对于场景化的把握必须更加人性化，必须确保它能够符合市场扩张的需求，能够展示出对市场的掌控力度。分场景开发往往离不开强大的观察能力、分析能力和丰富的服务手段，这对第三梯队是一个重大的考验。

分场景开发成功之后，最重要的一项工作就剩下成本计算了。毕竟任何一个企业都是以营利为最终目的的，如果成本过高的话，那么整个企业的发展就会受到很大的影响。在华为公司，第四梯队主要负责精确计算成本，争取以便宜的零件以及容差设计（容差是指经济角度内允许质量特性值的波动范围，而容差设计就是指对产品质量和成本进行综合平衡）来打造最合适的产品。相比于其他梯队，第四梯队往往需要掌握比较丰富的成本核算知识，需要对市场上的相关产品有一定的了解，对产品研发过程中以及营销过程中出现的成本进行精准核算。过去，有很多公司不注重成本核算，一味将服务客户作为工作的重中之重，结果客户服务到位了，自己却被高额的成本拖垮，这显然不符合公司发展的基本规律。

华为打造的多梯队服务本质上也是一种“以客户为中心”的准则，各个梯队之间相互衔接，形成了一个比较完善的流程。在这个流程中，人才队伍被激活了，而且由于分工明确，且具有目标的一致性，使得华为公司可以对目标市场做出更快的反应，确保自己能够在更短的时间内占领目标市场。

HUAWEI

SPIRIT

华为精神

第五章

不在非战略机会上消耗战略竞争力量

华为面临的问题和压力太大了，任正非果断对下属下达了死命令，并且许诺会动用全部的力量集中供应，为他们的工作提供最大的便利，结果三年之后，华为很快就登上了“亚洲第一”的位置。

1. 任正非三分天下的战略布局

现如今，华为成为世界上最炙手可热的通信巨头企业，而且在5G时代即将到来的大背景下，几乎引领了电信领域的发展潮流。如果回想华为这30年来的发展历程，就会感叹它的发展太过出色。当然，华为的伟大或许并不是从它超越爱立信和思科开始的，不是从它走出国门进军国际市场开始的，也不是从1994年成功研发出了C&C08数字程控交换机开始的。从某种意义上来说，华为的伟大在于它出色的战略布局，在于它对于未来的深刻认知和明确把握。

当华为在国内市场开始第5个年头的艰难发展时，任正非就敏锐地意识到了通信产业巨大的市场前景，他非常自信地提出了20年后华为要三分天下的想法，尽管这样的口号在当时看起来是自娱自乐、天方夜谭，且不说华为缺钱、缺技术，就是员工也不过200人左右。很多人觉得这句从厨房里传出来的话，只是饭桌上预备的一道无营养的

"开胃菜"，但现在看来，任正非设定的伟大愿景并不是一时兴起，而是一个切切实实的战略布局。

20世纪80年代末90年代初，中国通信市场处于"七国八制"时期。"七国八制"指的是来自7个国家的8家企业，它们分别是美国的朗讯、加拿大的北电、日本的NEC和富士通、比利时的BTM、法国的阿尔卡特、德国的西门子和瑞典的爱立信。这几家企业依靠强大的实力和先进的技术，对中国的通信市场进行了瓜分。由于拥有强大的竞争优势，它们往往会提高价格，从中国市场分走高额的利润，并且还刻意提高专利费，进行技术封锁，这对国内企业的生存和发展非常不利。

华为公司当时处于成立的第5个年头，作为一个非常不起眼的民营公司，它既没有什么实力，也没有什么背景，资金、技术、人才、管理、资源没有一个占优势，在这样的前提下，华为想要生存和发展下来非常艰难，更不用说有能力三分天下了。但任正非的出色之处在于他能够用战略的眼光看待自身的发展，能够洞察国际市场瞬息万变的局势，能够看清未来格局的变动以及自己在未来变革中扮演的角色和所处的地位，三分天下的布局是一个必然的发展趋势。

国内市场必定会有一只领头羊出现，当时是混战局面，但任何一家外企都不可能独霸中国市场，西方巨头企业会在优胜劣汰的竞争法则下将市场重新进行洗牌，并通过兼并、重组等方式留下几家实力强大的竞争者。随着技术的进步和工业制造能力的提升，本土企业必定会站出来重新夺回市场。而当时国内的各个公司，要么是合资企业，不具备从西方企业那里进行技术转让的可能；要么就是一些实力很弱小的民营企业，基本上依靠复制低端技术产品生存。任正非认为只要自己努力发展，强化技术研发能力，那么就一定可以在摆脱外企技术垄断的同时，成为最有可能夺回中国市场的企业，然后顺利进军国际市场。

这种清晰的发展思路绝对经过了深刻的分析和思考，这一点从华为决定放弃代理交换机而选择自己研发新产品中就可以看出来。继续代理或者复制低端产品，只会让企业陷入困局，慢慢消亡，而自主研发不仅能够带动技术进步，还能够顺利开拓属于自己的市场。

对于一个实力薄弱的民营企业来说，对于一个此前从未有过创业经历也从未接触通信行业的人来说，拥有这样的战略思维的确很了不起，这也是任正非能够带领华为快速发展的一个重要原因。需要注意的是，在1987年华为公司创立的时候，当时国内有两家企业的发展已经初具规模：海尔集团在那一年正式赢得了当年世界卫生组织的招标，它的发展已经引起了国际市场的关注；而同一年的联想集团也正式推出了自己的主打产品——联想式汉卡。这两家企业后来都成为世界上知名度比较高的中国企业，都有着强大的市场号召力，但是它们的领导者在创业初期恐怕也没有喊出类似于任正非这种“三分天下”的战略口号。

在第一届北京国际通信展上，华为当时是当中唯一一家中国的通信设备制造商，任正非当时非常自豪地重复了自己当初的话：“10年以后，电信设备市场将三分天下，西门子、阿尔卡特和华为。”从之前的20年到10年，任正非比谁都看得透彻。

任正非在那之后一直坚持以10年发展作为一个最基本的阶段划分

层次，而如果以每个10年作为发展阶段，那么华为在发展的每一个10年都具有明显的变化：1987年的时候，任正非成立了华为。接着在1996—1997年，任正非带领华为开始突入国际市场，首发站就是俄罗斯，而正是因为进军俄罗斯市场，华为逐步打开了国际市场。

到了2007—2008年，金融危机让整个电信行业哀鸿遍野，那一年全球通信设备供应商排名第一的爱立信净收入减少了46.3%；摩托罗拉销售额下降36%，亏损41.63亿美元。而华为公司逆势生长，实现营收183.3亿美元，净利润11.5亿美元，利润率从2007年的10%上升为13%，费用率从2007年的28.47%下降为26.7%。更加让人鼓舞的是，华为的营收有75%来自国际市场。而这一年，任正非一直崇拜的对手阿尔卡特朗讯因为连年亏损，最终将世界第三的宝座拱手让人，而接替者正是任正非带领的华为。虽然任正非并没有想过阿尔卡特最终会和朗讯结合，也没有想过它会就此离开最高级别的竞争舞台，退出前三行列，但是华为三分天下的战略目标的确实现了——爱立信、诺基亚西门子、华为的三分天下。著名的咨询公司OVUM曾对华为进行研究，它认为华为已经成长为全球巨人。

然后是2018年，此时的华为早已经是业内第一，这一年的华为营收额突破7000亿元，智能手机突破两亿部的大关。余承东兴奋地表示，2018年是华为消费者业务真正走向崛起的元年。“2014—2015为生存而战，我们活了下来；2016—2017为崛起而战，我们现在已基本实现预定目标！我坚信，2018年踏上属于我们的崛起之路，我们将会走得更远更好，华为消费者业务的未来势不可挡！”与此同时，华为的5G业务订单也拿下了26个，可以说在5G时代已经占领了先机。

同时，在之后的发展过程中，华为对所有对手将会形成较大的威胁，而这一切都是从华为三分天下的战略目标制定开始的，正是这个战略目标为华为的发展奠定了坚实的基础，为华为指明了前进的方向。

2. 从必然王国走向自由王国

在华为内部会议上，曾多次出现两个特殊的词——“必然王国”和“自由王国”，这是公司内部曾多次热烈讨论的问题。其中“必然王国”指的是一种无能为力的状态，即由于对规律认识不足导致自身行动受到社会力量约束的状态。“自由王国”则建立在对社会规律、自然规律认识的基础上，人们可以支配环境的一种状态。

在华为公司所畅想的自由王国中，整个公司在发展过程中应该逐步摆脱对技术的依赖、对人才的依赖，以及对资金的依赖，避免价值评价体系的扭曲，而且公司需要通过建立比较合理的管理机制来管理人，确保内部运作的顺畅，并确保技术、人才、资金发挥出最大的潜能。

那么怎样才能打造一个自由王国呢？任正非给出的办法是无生命的管理。简单来说，就是整个公司减少管理者的戏份，华为人必须在企业文化和管理制度的引导和约束下，进行有效的自我管理、自我控制、自我调节、自我引导。这是华为去中心化的又一个明确信号和表达方式。任正非曾经解释道："我相信这些无生命的管理，会随着我们一代又一代的人死去而更加丰富、完善。几千年以后，不是几十年，这些无生命的管理体系就会更加完善，同时又充满活力，这就是企业的生命。"

在过去很长一段时间里，华为带有很浓厚的英雄情结和个人独裁管理。人治虽然可以最大化地发挥领导者的个人魅力，但是却违背了企业发展的规律，当领导者过多地干预内部的发展和扩张时，整个企业的管理就会陷入混乱。

这或许是许多企业都遇到过的问题，也是一个难以消除的困局。一方面，人们渴望通过管理来维持秩序，强化内部的指令，规范和约束所有人的行动；但另一方面，过多的管理会阻碍团队自身的发展和调节，会损害内部的自发能力和主观能动性，许多员工的积极性会被遏制住，加上一些错误的管理方式，往往会导致整个团队陷入一盘散沙，成为越管越乱的典型。

无生命的管理带来的是一种文化效应。当管理被剥离之后，如果没有良好的企业文化，谁可以轻易地将十几万人凝聚成一股合力？谁又能够确保十几万人的队伍始终保持旺盛的斗志？

任正非曾经这样强调："华为要用5至10年时间将内部关系合理地理顺，使之充满扩张的力量。不是制约与限制它的发展，也不是纵容它的扩张，而是管而不死，活而不乱，依规律行事。各级干部在做实的基础上，努力提高自己的素质，增强驾驭流程与组织的管理能力，并在实践中拥有不断优化自己、批判自己的能力。任何一个人在新事物面前都是无知的，要从必然王国走向自由王国，唯有学习，学习，再学习；实践，实践，再实践。”

为了做到上面的这些要求，华为公司进行了改革。比如，公司改变了对人负责制，以对事负责制来要求所有人投入到自己的工作当中去，这样就将执行者从权力的压制和桎梏中解放出来，下属员工不再将关注点放在如何取悦上级领导上，不再将关注点放在如何迎合上级领导的需求上，他们开始对工作负责，以工作需求来约束自己的行为。对事负责制是依据流程及授权，以及有效的监控，使最明白人具有处理问题的权力，是一种扩张的管理体系。该制度可以有效提升员工的工作自由度，员工在工作中的参与感和自主能力会得到更多的释放。

还有就是适当分权和放权，让更多人参与到公司的运作当中来，管理者应该抓住一些主要的管理工作，其他工作可以放权和授权给其他更适合的人完成。分权和放权有助于提高内部的工作效率，同时可以降低一些不必要的管理，可以减少低效干预，同时培养员工的主人翁意识。当管理者懂得如何放权时，整个管理看似变得轻松，但效果却在成倍提高。比如任正非提倡的让一线做决策，就是一种放权的形式，目的是让一线员工可以拥有更大的自主选择权和决策权，提高工作效率。

对于企业来说，想要打造无管理的状态，那么就要激发所有员工的主人翁意识，需要刺激和引导所有人担负起工作责任，以主人翁的精神为公司的发展做出贡献。因此，除了放权和分权之外，公司需要改变过去那种依靠行政命令和强权来引导员工工作的模式，管理者和干部需要善于激发员工的工作热情，以此来提高员工的工作积极性和效率。而且公司需要加强培训和思想教育，让更多的人主动承担工作责任和义务，而不是被动接受指令行事。

这些年来，华为一直都在强调去中心化的管理策略，其目的就是减少内部权力形成逐层逐级的压制，就是担心内部会形成大大小小的权力体系，会对整个团队的内部沟通、内部管理造成阻力和麻烦。所以任正非一直积极淡化权力的影响力，一直都在试图让员工参与到华为的决策当中来，并帮助员工建立起积极参与的意愿，鼓励他们对工作负责。而公司也需要对日常工作进行总结，把握好事物发展的必然规律，并将经验和规律拿出来共同分享，确保整个团队按照企业发展和管理的固有规律运作。

3．农村包围城市的战略规划

众所周知，华为的起点很低，几乎是从一无所有的状态开始创业的，而按照传统工业的发展模式以及传统企业的发展模式来说，华为想要实现高速发展和扩张，想要在竞争日益激烈的市场上生存下去，就需要及时寻找和开发一个庞大而有力的城市市场作为最初的根据地。而很多公司会选择从城市进行突围，率先在城市内部建立一个根据地，可是对华为来说，以城市作为最初的立足点显然不现实。

尽管在1994年，华为公司成功研发了C&C08数字程控交换机，但是无论是整体的研发水平和技术实力，还是产品的性能和质量，华为公司与其他西方巨头企业之间的差距还是比较大，无法正面进行竞争。而且当时是“七国八制”对市场的垄断时期，几乎全国的大中城市都被这些巨头企业垄断了，华为根本没有机会在它们的势力范围内进行突围。

在这种艰难的环境下，任正非突发奇想地制定了“先重点开发农村市场，然后坚持农村包围城市”的发展战略。这个战略在一开始受到了很多人的质疑，因为农村市场非常落后，相关的设备也不完善，整体的发展环境并不好。但是在任正非看来，越是艰苦的环境，越是利润薄的市场，越容易被巨头企业忽略，而华为就可以利用这样的机会在农村拓展市场，打造品牌影响力。

进入农村市场之后，华为一开始也曾遭到巨头企业的阻击，但是它并不担心对方的干扰，而是故意将竞争对手的“兵力”从城市引向农村等薄弱地区，努力拉长战线，使得对方首尾不能相顾，从而降低威胁性，这样华为就可以进一步为自己赢得生存空间。

在农村市场上，华为采取的策略就是集中优势兵力，各个击破。在一些县城或者城乡交界的地方，外国企业也会想办法拓展业务，但是由于经济不发达，很多公司通常只是象征性地安排一两个人开展业务。而华为不一样，他们会安排十几个甚至几十个人去谈业务，有时候为了抢夺市场，会从全国各地调集人员抢占市场。这样的策略很快就有了效果，其他公司往往难以与之抗衡。加上华为人的工作态度和服务态度很好，产品比较廉价，性价比也很高，所以深受农村市场的欢迎。

依靠着价格优势和良好的服务态度，华为很快占据了大片农村市场，这个时候，华为开始将目光转向城市。而华为攻占的第一站选择了四川，整个四川当时90%的市场都被上海贝尔占领，但华为公司也有自己的优势，那就是价格更加便宜。不仅如此，从一开始华为就悄悄地向大量客户提供免费的产品，当客户面对白送的接入网时，自然不会拒绝。

在很短的时间内，华为就在四川大部分地区布设了网点，而上海贝尔对此竟然一无所知，当整个接入网的布局完成之后，华为开始推销自己的程控交换机。这些交换机性能同样优越，而且价格非常便宜，客户根本没有拒绝的理由。就这样，华为顺利占领了四川市场，而接下来的一段时间，华为用同样的方式在全国各地开展抢夺市场的行动，先后击败了贝尔、北电、朗讯等国际巨头，成功成为中国市场上的龙头企业。

许多人认为任正非是一个出色的战略家。尽管他的技术能力一般，但是在管理和领导团队方面堪称大师级的人物，他总是比其他人看得更远一些，这使得他可以巧妙地带领华为屹立在竞争激烈的市场上。

在手机业务的拓展上，任正非同样坚持了这样的原则。比如华为一开始就是从事通信设备制造，对于手机的研发比较晚，因此技术积累不足，产品的品牌知名度以及市场影响力都远远比不上一些老品牌。且不说苹果、三星、诺基亚、摩托罗拉、黑莓、索尼爱立信这些大的国际品牌，就是联想、波导等国产品牌，也要比华为更具实力，可以说华为在手机领域毫无优势。为了确保自己能够在手机领域获得突破，任正非依据自身手机研发技术相对较弱、市场相对较小的特点，再次借助“农村包围城市”的战略，将手机市场的第一站放在农村市场。

由于华为缺乏技术研发的基础，所以没有能力立即研发和生产出功能强大、质量上乘的产品，只能从一些低端手机开始做起，而最简单的就是老年机。这种手机功能比较少，技术含量不算太高，挑战性也不算大，华为公司的研发难度可以得到有效控制。通过对低端机的研究，华为可以进行经验积累和技术积累，从而逐渐将产品越做越好，将手机品牌越做越大。

当然华为不可能无限制地投入资金搞研发，手机研发必须能够带来相应的回报，必须能够带来更多的市场，这些回报和市场是支撑长期研发下去的基础力量。华为之所以直接将目光对准农村市场，是因为相比于城市人的消费水平和消费需求，农村人尤其是农村的老年人，对于低端机的需求更旺盛，像老年机就具备很大的农村市场。正因为如此，将目光放在农村市场，重点发展老年机之类的低端机，完全有助于华为建立起发展所需的根据地，给予华为手机更充分的发展空间。后来也恰恰是因为如此，华为手机逐渐壮大，随着技术的积累和市场的积累，华为手机的独立性越来越强，从低端机慢慢做到终端机和高端机，开始建立起更为强大的品牌影响力。

“农村包围城市”是华为发展的一个基本战略目标。尽管任正非多次强调自己一开始并没有所谓的战略规划，一切都是因为自身发展不具备优势，只能从农村市场打开缺口，但是如果将华为的发展做一纵向与横向的剖析，就会发现它的发展模式大抵都是从农村走向城市，从低端市场走向高端市场的。也正因为如此，华为才能够迅速从无到有，从有到优。

4．不要错失那些不起眼的盐碱地

在多数管理者和企业家的眼中，寻求一个更加肥沃的市场是扩张的第一要务，这是对自身发展负责的一个前提，也是获得效益的基本前提。纵观世界上伟大的企业，都会将重点放在那些能够带来更大利润的市场上：德国汽车的最大市场在中国和美国，因此这两个市场上的投资最大，而且这两个市场最为安稳，发展环境优越，根本没有任何拒绝的理由；高通公司将近一半的利润来自中国，所以会将投资放在中国市场上。

在潜在的利益面前，很少有公司会甘愿忽略那些高价值、高收益的市场，很难想象苹果公司会放弃中国市场，而将矛头转向非洲。商人以及企业趋利的本质，无疑决定了他们的市场选择秩序。但对于优质市场的关注往往会导致企业忽略那些低端的市场，而且这几乎是企业发展的一个惯性思维。

但华为并没有因为某个市场不怎么挣钱就主动放弃和错过，作为一个全球市场的布局者，华为对于那些没有多少油水可捞的市场同样保持专注和兴趣。在华为公司内部，有一个著名的“盐碱地”发展策略，其中盐碱地是指自然界存在的一种高盐高碱性土地，这类土地往往无法长出什么作物，可以说根本不值得花费力气去开垦和耕耘。而国际市场上就有许多这样的盐碱地市场，它们要么过于贫穷，要么战乱不断，要么瘟疫横行，要么环境恶劣，相比其他国家和地区，这些地方的市场价值太低，而且风险很高，一旦经营不善，就可能亏本。

华为有着大的格局和目标，但是也从来不会轻易错过这样的盐碱地。对他们来说，只要有市场，就存在发展的机会，哪怕这个市场价值并不那么高，但是只要开发得当，只要肯努力耕耘，盐碱地中一样可以获得更多的利益。在整个市场布局中，华为公司往往更具弹性，也更有扩张性，别的企业越是看不上的市场，它越是要去开发，并且争取创造可观的收益。

比如，刚果市场就是一块盐碱地。早在华为进军刚果市场之前，阿尔卡特和西门子就盯上了刚果。这个国家的资源还是非常丰富的，可是由于经济条件落后，加上连年战乱，阿尔卡特和西门子根本没有挣到什么钱，而且风险系数一直很高，于是纷纷后悔自己进入这一市场，它们早就打算退出这里了。

但是华为却对这个市场非常感兴趣，在他们看来，刚果是一个潜力股，尽管政局动荡不安，会带来很多不确定的因素，但是好在竞争对手不多，阿尔卡特和西门子也对这里失去了兴趣，这绝对是千载难逢的机会。于是华为果断进入刚果市场，而进入市场之后，华为多次遭遇战乱的袭扰。有一次几个人在办事处兴高采烈地讨论市场计划，屋外枪声大作，子弹直接打到屋内的墙上，这让大家惊恐不已。大家开始打电话、发短信，开始写遗嘱。当一切归于平静之后，大家又像没事一样继续开会，他们不想因为这样的事情影响公司对市场的判断和战略规划。而事实也证明了华为公司的判断，虽然刚果市场存在很多风险和不稳定因素，但是华为却成功在市场上站稳脚跟，成功把握住了发展机会，成为刚果最大的通信设备供应商。

此外，盐碱地的概念不仅包括国家和地区，也包含一些利润空间不大的投资项目和领域。比如在最近几年，随着华为手机业务的不断发展壮大，华为成为出货量世界第三的手机品牌，2018年更是卖出了超过两亿部智能机的好成绩，而且华为的产品越来越高端，在高端市场打造了良好的品牌形象。可是和苹果公司与三星公司只关注高端市场或者只关注中高端市场不同的是，任正非一直都坚持要求华为不要放弃低端手机市场这块盐碱地。

尽管许多人一说起低端手机市场，就会想起诺基亚老年机或者杂牌老年机这一类低功能手机，一般是那些竞争力非常有限的公司才会重点把握的市场。但华为并不这么看，在2017年10月，任正非就发表了一次重要的内部讲话："这个世界百分之九十几都是穷人，友商低端手机有穷人市场，不要轻视他们。华为也要做低端机，我们的老产品沉淀下来可能就是做低端机。"而事实上，华为手机最初的主要市场就是低端市场，即便是现在，任正非依然认为低端机虽然利润有限，但也是公司一块非常重要的市场，也具有一定的盈利空间和开发价值。

对此华为有着明确的认识，华为人从来不认为低端机就是低层次的人才用，他们认为不论技术能力大小，不论考试成绩多少，都要以商业价值为最终的评判，要以商业成功为中心。而这里谈到的商业价值虽然没有高端市场那么重要，但是对华为未来的发展很有帮助，因为每过一段时间，市场可能就会发生技术性格局的变动，如果没有把握好低端市场，那么将会有更多潜在的对手通过撬走低端市场来壮大实力，从而对华为形成巨大的威胁。华为当年就是这样崛起的，所以它不会让其他对手在自己身上重演这一幕。

无论是盐碱地市场，还是盐碱地项目，华为都不会轻易放弃。对它来说，这些都具有重要的战略意义，可以帮助华为公司获得更大的成长空间，可以为华为积累更加强大的发展动力。相比于那些利润更高的市场和项目，华为显然立足长远，更加看重对未来的发展进行合理规划。

5．坚持“沿途下蛋”的策略

2018年，任正非在上研所听取华为无线业务汇报，重点提到“沿途下蛋”的概念：“我们说无人驾驶，其实是一个珠穆朗玛峰，是一个领袖型产业。我认为无人驾驶是基础研究，支持科学家为理想而奋斗。暂时，不要去做商用产品。先让科学家一心一意研究科学，不要顾及商业利益。沿途下蛋，将来即使我们不能在马路上无人驾驶，也可以在生产线上使用，管理流程中使用，低速条件下的工作中使用……（朱广平说我们要做电信网络的无人驾驶）各种东西都可以引入无人驾驶这个思维概念，但是它不一定就是无人驾驶。我跟何庭波在欧洲讲这个事的时候，何庭波发明了一个名词‘沿途下蛋’。无人驾驶就是爬珠峰，爬山过程中，有人可以半路去放羊，有人可以半路去挖矿，有人可以半路去滑雪……把孵化的技术应用到各个领域中，这就是‘沿途下蛋’。”

什么是“沿途下蛋”？它主要是指一个企业在追求理想主义目标的时候，可以使用孵化出来的技术做出一些现实主义的产品，也就是“在攀登珠峰的征程中沿途下蛋”。

任正非认为华为不能只是埋头搞研发，应该保证技术的商业化和产业化。这种产业化与技术研发并不冲突，可以说在技术发展和完善的过程中，一些已经掌握的技术和未能完全掌握的技术就可以服务于产业，辐射到具有应用前景的产业经济中来，衍生出一些有价值的产品来充实市场。一味追求研发不仅容易导致技术和市场脱节，也会给技术管理和技术的最终研发方向带来困难。

好的产品研发工作应该呈现阶梯形和波浪形，通过打造实用的市场产品和继续研发领域的高科技探索，形成一种互动的、循环的研发体系，一方面通过技术研发提高了华为公司的技术水平以及锻炼了人才，另一方面则通过产品的市场化来实现必要的收益，同时打造大量工程性人才，从而使得企业可以向技术高度和产业宽度这两个维度继续发展。

比如，2018年年初，华为对外发布了包括量子计算模拟器与基于模拟器开发的量子编程框架的量子计算模拟器HiQ云服务平台。这种可模拟全振幅42量子比特以上，单振幅81量子比特以上的模拟器功能强大，该模拟器还首次集成纠错量子电路模拟，实现了数万量级量子比特的纠错电路模拟，它比世界上其他同类模拟器的功能要高出5~15倍，该产品成了华为在量子计算领域的一个重要成果。

华为发布的模拟器就是一种量子计算硬件或者软件算法研究的使能平台，可以为量子计算提供一个硬件环境保障，为量子计算的发展提供良好的平台。同时这项技术的发展空间很大，市场应用前景也很广泛。目前来说，华为的技术水平虽然是业内领先水平，但是距离真正的巅峰还有很长一段路要走，而在这个追求目标的过程中，华为一方面需要积极努力寻求突破，另一方面则将其和市场需求结合起来，争取打造新的产业盈利点。华为公司已经表示要做成专用的量子计算机，解决一些实际的问题，尽快产生商业价值。

在发展人工智能的道路上，华为目前还没有取得太多的突破，但是却尝试着将目前所掌握的人工智能技术运用到工作当中。最常见的就是华为直接将人工智能用在站点规划上。在非洲市场上，过去一个苏联的工程师可能每天只能规划4个站点，这已经是极限操作了，可是运用当前的人工智能技术，一个工程师一天就可以轻松规划1200个站点。

不仅如此，在过去，每一个站点想要正常运行都要配置几千个参数，一旦出错就会导致整个网络的瘫痪，这样给站点的维护带来很大的麻烦，也消耗了大量的人力和资金。为了规避风险，传统的方法就是搭建复杂的环境反复验证，但这同样会带来很大的成本消耗。而人工智能可以更高效、更快捷、更省时省力地解决这些问题。正因为如此，所以华为主张将现有的人工智能技术运用到产品研发、站点规划、网络设计和控制，实现电信网络的“自动驾驶”。

多年来，华为一直强调多路径的研究策略，在一个领域内，在一个方向上，可以分梯次、多路径地进行探索，这样往往可以更有效地发现战略机会的突破点，也可以更好地勘定边界。一般来说，当战略突破口选择错误的时候，可以直接掉转枪口，进攻其他的突破点，而一旦成功，就可以快速集中所有力量进攻这个突破口。多路径的开放型策略，使得所有奋斗者和研究者有机会去接触更多的东西，可以研究更多具有实际价值的产品和技术，只要这些产品能够和当前的市场需求相符就行，或者说可以创造新的市场需求就行。

华为一直都坚持自己的战略目标和前进方向，一直都在坚守自己的规划，并严格按照规划行事，但是在追求目标的过程中，华为人并不是盲目地等待着实现最终的结果，也不是依靠理想主义来推动自己实现愿景的勇气和动力，他们更喜欢立足现实，更喜欢将自己每一个阶段的发展紧密地联系现实，更喜欢在发展过程中讲技术产品化、商业化，以便最大限度地创造收益。

6．永远不要想着成为行业第一

对任正非来说，“行业第一”只是一个没有任何价值的头衔，除了会带来更大的压力和更多的挑战，它没有任何实际的功效。他曾经坦然地说道：“最近10来年，我们才下定决心要走向世界前列，但不是世界第一，‘第一’是社会上给我们编造的。外界为了互联网的点击率，在描写时都把我们神化了……”

2018年2月，任正非曾下达了一条特殊的指令，那就是华为内部的任何人都不要讲超过三星、苹果，不要去议论公司未来对这两家公司超越的计划，甚至在私下谈及这个话题也不被允许，一旦公司发现员工私下有类似的谈话，就将会面临一次100元人民币的罚款。当外界都在猜测华为公司会不会超越苹果和三星，会不会成长为最好的服务商和最好的手机制造商时，任正非却显得异常低调，他不希望这些流言干扰华为的正常发展规划。

有人戏称任正非不想让华为成为行业第一，而事实正是如此，也许听上去非常奇怪，但是华为的确一直都在排斥这种提法。比如，余承东就多次强调华为要做就做第一，只要进入某一领域，那么就应该将成为领域内的第一作为目标，在他看来，第二是没有太大意义的。对于余承东的看法，任正非始终持反对意见，他觉得华为没有必要那样高调，而且也还不到真正高调的时候。

这种想法首先源于一种谦虚的姿态和清醒的自我认知。在任正非看来，华为的发展并不是完美的，在很多方面距离那些巨头公司还有很大的距离。任正非说过："苹果公司是最好的服务商。人类社会有两次整合：第一次是横向整合，IBM推动兼容机，Intel发明286、386、486……抄了苹果公司的后路，后来苹果公司放弃了，兼容机推动全世界普及了电脑，给今天人类信息社会的文明做出了伟大贡献。第二次是苹果公司垂直整合，几百万个应用组合在手机里面，这就是互联网随人移动。它也是不碰内容的。在这方面，我们公司与苹果公司相比，还有弱点，是否可以花三年时间努力往前赶一点？现在还不好说。"

需要注意的是，2016年的一份调查报告曾指出，苹果手机的利润占据了全球手机行业利润的91%，而它的市场占有率可能仅仅只有10%左右；2013年，它占据了全球手机总利润的70.5%；2015年则为88.1%。很显然，在最近10年时间内，苹果手机在利润上是任何一家手机企业都难以超越的。

对于自身的发展，任正非有着清醒的认识，他也希望其他人可以保持这种明晰、理智的思维。思科公司多年来一直是华为的老对手，双方在全球各个领域进行竞争。虽然华为公司的规模已经超过了对方，但思科公司一直在想尽办法阻止华为进入美国市场，很多时候外界会觉得华为已经超过了对手太多，已经完全没有必要将思科放在心上了。但对于任正非而言，思科在很多领域仍然是领头羊，华为必须保持强大的战略耐性和谨慎的姿态，不要总是自认为“天下无敌”。

除了对自身的发展优势、劣势有一个清醒的认识外，任正非还多次强调自己的战略规划，谈到华为在未来发展中扮演的角色以及可能遭遇到的各种问题。任正非曾经强调华为不要争做鸡头，华为目前还担不起世界领袖的角色，因为华为本身还有很多问题没有解决，而且华为在面对世界上那些强大的竞争对手时，并没有压倒性的优势，对手随时随地都会形成反扑。此外，任正非更加担心“行业第一”的头衔会束缚华为人的创新意识，会束缚和压缩华为的发展道路，并且导致华为失去明确的发展方向。正如任正非所说的那样：“我们在追赶的时候是容易的，但在领队的时候不容易，因为不知道路在哪儿。”由于不知道如何领路，不知道应该在哪里开辟方向，很容易走偏。

他曾多次强调华为在领先后可能出现的问题：“现在你们也是高处不胜寒。走到这一步了，下一步要怎么走？到底我们将来技术思想是什么？技术路线是什么？我们假设这个世界是什么？我们假设对了，我们就正确了，可能也就成功了。我们假设错了，那我们可能就会进入类似北电、摩托罗拉一样的衰退。

“思科在全世界IP是独树一帜的，多么先进。它在核心路由器上的一个投资错误就被华为超越了。那你以为华为就不会被别人超越吗？所以我们应该在最好、最繁荣的时候讨论华为的崩溃和衰退，也许能找到一条路来。”

一个有意思的对比是，1995年，任正非在内部会议上要求用三年的时间将重新组建的莫贝克公司变成国内电源行业第一，这样艰巨的任务让很多人都感到压力重重，可是时间刚过了两个月，他又提出了做“亚洲第一”的目标，华为内部的员工当时听了都觉得任正非的步子迈得有点大，毕竟对这样一家刚刚在国内市场站稳脚跟的民营企业来说，想要在短时间内实现如此大的突破不太可能。当时有很多下属寻找各种理由抗拒这个指令，他们觉得华为还是应该保持更加沉稳的步伐，因为华为面临的问题和压力太大了，但任正非果断对下属下达了死命令，并且许诺会动用全部的力量集中供应，为他们的工作提供最大的便利。结果三年之后，华为很快就登上了“亚洲第一”的位置。

随着华为的不断发展，任正非反而变得“保守和低调”起来，对于华为的发展规划也有了更为细致、谨慎的考量。考虑到华为目前的发展状态，人们一直都坚定地认为它在未来的某一天会成为媲美于苹果公司、三星公司或者谷歌公司那样的巨无霸企业，它一定会成为行业内无可争议的第一，甚至可能是世界所有企业中的第一，但对于华为自身来说，它或许并不看重自己的排名，如何拓展自己的影响力，如何在行业中保持强大的竞争力，如何在行业中长久地生存下去，这些对华为来说更为重要。

HUAWEI

SPIRIT

华 为 精 神

第六章

不创新才是最大的风险

如果能够打造一套完整的法规制度体系，而且这些制度体系能够快速反映任何一个环节的纰漏，能够自主修复环节中出现的问题，不需要就事生成一些所谓的领导意见，那么这样的体系就具备强大的自我管理能力，可以灵活调动内部力量，可以保证内部行动的完全统一和简洁高效。

1．创新必须坚持改良主义，而不是颠覆

说起创新，许多人首先想到的就是颠覆性的理念、颠覆性的技术，以及让人目瞪口呆的变革，似乎创新就等同于完全改变，等同于颠覆，等同于非比寻常。前几年，一些美国人分析了中国的创新常态，认为中国人的创新本质通常都不是停留在常规突破的层面上，而在于对现有突破的商业化运筹方面，即依靠一连串的增量式步骤来实现创新。这是一种追随型的创新，但它往往更加符合企业对商业利益的追求。

相比之下，颠覆式创新并不多见，即便是在世界范围内也不多见。在电信产业或者说整个信息产业，过去30年的时间里，所谓的颠覆性创新很少见。苹果的操作系统、谷歌的安卓系统、高通的CDMA、欧洲的GSM、微软的Windows，这些是比较典型的颠覆性创新。尽管这些创新影响了时代的发展，但对于多数企业来说，它们根

本没有办法做到颠覆行业，根本无法去颠覆整个行业标准。相反，那些追随型的创新，那些充满商业色彩的创新反而更能影响商业的发展模式，也符合多数企业对发展的要求。

如今谈论起创新，更多地要考虑商业利益，要考虑到可能出现的产业化和发展前景。最典型的就是一些军事领域的颠覆性创新，可是这些技术难以进行商业化处理，也不具备商业化的空间，因此它们对于人类生活的影响力非常小。美国《时代周刊》曾经刊登一篇文章《当今时代谁最性感》，在评选谁才能引领时代发展潮流，谁才能够影响时代发展时，技术创新尤其是技术颠覆者被忽视了，取而代之的是那些对现有技术、现有资源进行合理整合的战略规划者，他们才是制定当今时代游戏规则的人。这些人有很多出色的想法，也善于利用和包装其他人的想法，也许他们并不具备高超的技术，也没有颠覆性的能力，但是却善于借鉴、利用和优化他人的发明创造，变成满足市场需求且更具商业价值的产品，他们才是整个时代的战略家和指挥家。

文章还特意谈到了苹果公司，谈到了乔布斯。一般人在说起苹果公司的操作系统，说起苹果公司的手机和平板电脑时，就会习惯性地认为是乔布斯创造了这一切。但乔布斯只是一个商人，他不是发明苹果手机和平板电脑的那个人，至于那些发明者是谁，从来没有多少人关心过，也没有多少人真正知道答案。

正因为如此，华为一直都反对盲目追求颠覆性创新，毕竟企业的发展就是以追求效益为目的的，而追随型的创新正好符合华为的发展需求。可以说，相比于颠覆性创新，任正非更喜欢对现有资源进行改进和整合，更喜欢想办法将创新往商业化的方向靠拢。他说创新就是鲜花插在牛粪上，华为就是牛粪，鲜花就是人家的东西，华为要做的就是继承别人的东西，在自家的牛粪上开出鲜艳的花朵。

腾讯在研发QQ的时候，并没有重新开始设计一个全新的颠覆性的产品，而是在现有ICQ的基础上，增加了具有市场潜力的跨终端登录、个性化头像、快速文件传送等功能，结果这些功能很快就赢得了市场的欢迎和认同，并引发了社交产品的变革。

华为也是如此。任正非曾经重点谈到创新问题，并强调了自己的观点："我是主张改良的，一点点地改，不主张大刀阔斧地改革。华为必须坚持改良主义，通过不断改良，实现从量变到质变的过程。华为在高速发展的过程中，轰轰烈烈的巨变可能会撕裂公司，所以要在撕裂和不撕裂中把握好'度'。我们处理发展速度的原则应该是有规律、有预测地在合理的增长比例下发展，但我们也必须意识到这样做所带来的不稳定。我们必须在此基础上不断地提高我们的管理能力，不断地调整管理能力所能适应的修补程度，以使我们适应未来的长期发展。"按照任正非的说法，新开发的创新力如果高于30%，可能就会产生浪费，会破坏原有的平衡和稳定，因此一切需要做到微创新。

当华为仍旧是行业内追随者的时候，会追随爱立信、思科公司的技术和研发方向，将现有的技术与市场进行结合，打造最人性化的产品，或者刻意通过打造差异化产品来吸引客户。当华为的发展处于行业领先地位时，华为开始进入所谓的无人区，它再也不可能从任何企业那儿获得方向，一切都需要自己摸索，这个时候的创新难度虽然增加，但也没有脱离客户的需求。任正非要求华为的创新工作必须建立在对市场的了解基础上，不能盲目追求技术的新颖、超前和颠覆，而且最多只能领先半步。领先半步是先进，领先三步就容易成为“先烈”（意味着自我毁灭）。

比如在华为手机的设计上，公司并没有盲目、片面追求技术的颠覆性和时髦，而是想办法对一些重要环节加以改进，像消费者最关心的续航问题，公司一直非常重视，特意从三个方面对续航技术进行了创新，分别是开源、节流、快充。所谓的开源，是指建立在手机安全性能基础上的新材质选择，这些新材质可以帮助电池容量和能量密度实现突破；节流即运用新技术对手机续航能力的全面改善，通过智能管理的方式省电；快充是指充电速度的加快，随着超级快充技术的成熟，2019年3月份，华为手机的超级快充技术已经取得突破，支持40W，只需要30分钟就可以充电约70%，这项技术已经顺利通过了德国莱茵TÜV权威安全认证。

可以说，这些年来，华为虽然看起来没有什么颠覆性的技术出现，也没有什么改变行业规则的产品出现，但是凭借着微创新，凭借着恰到好处的改进和完善，华为成为市场上的新宠，它的产品无论是性价比还是知名度，都获得了国际市场的验证和认可，而这也成为华为发展的一个重要优势。

除了技术创新，制度创新也一直都是华为很重要的工作，但是华为从来不主张颠覆性的变革和创新。毕竟一个企业如果大刀阔斧地进行改革，那将会把公司推入动荡之中，内部的原有矛盾会迅速激化，员工会失去工作的积极性和动力，企业也会失去发展的稳定环境。正因为如此，任正非建议华为的变革要保持“走碎步”的状态，而不是采取“大步跑”的创新策略，只要把握住主要矛盾即可，不要过分追求大的进步和变动，不要盲目追求与众不同和颠覆。只有保持合理的改良主义，华为才能保持稳定，才能在稳定中慢慢获得积累，并在积累中一步步实现突破，最终推动华为平稳地进化。

2. 创新应该允许失败

如果让企业对最难的运营管理工作进行排列，那么其中必定有创新。作为一种更偏向于技术性的东西，作为一种需要实现突破的工作，创新往往是企业运营中比较难的一个环节，也是容易成为限制企业发展的瓶颈。无论是世界上最伟大的公司，还是世界上最不起眼的小企业，创新都是一个必须面对的难题。只要一家企业想在激烈的竞争中生存下去，只要一家企业还想获得可持续发展，就需要保持创新文化，需要借助创新来推动自身的进步。但正因为如此，创新成为一个难度系数比较大的工作，由于它涉及对现有制度、方式、技术的变革，具有一定的挑战性。

由于挑战性比较大，创新工作存在很多不确定性，存在很大的风险，所以创新也有可能会面临失败，也有可能会跑偏，会脱离人们的预期，而最重要的是保持包容和忍耐，要懂得主动接纳失败，去包容失败，并且保证创新工作继续下去。华为人也深知这一点：“创新本来就有可能成功，也有可能失败。我们也要敢于拥抱颠覆。鸡蛋从外向内打破是煎蛋，从里面打破飞出来的是孔雀。现在的时代，科技进步太快，不确定性越来越多，我们也会从沉浸在产品开发的确定性工作中，加大对不确定性研究的投入，追赶时代的脚步。”

按照任正非的说法，公司不应该以成败论英雄，失败本身就具有成功的因子，失败中本身就具备成功所需的各种要素，华为人应该积极面对失败，以乐观心态来看待失败和挫折，对个人、团队的失败及时进行总结，积极推动内部的探索机制。而在探索未来的过程中，失败是正常的，也是被允许的，失败的英雄也是英雄。公司应该鼓舞人们献身科学，应该鼓舞人们包容那些经历过失败的人，应该吸纳那些失败的人才并借助他们的经验。他甚至喊出了“我们要理解歪瓜裂枣，允许黑天鹅在我们的咖啡杯中飞起来”的口号。

在《分层授权，大胆创新，快速响应客户需求》这篇文章中，任正非再次强调了创新的包容性：“要使创新勇于冒险，就要提倡功过相抵，给创新以空间。允许有风险，允许创新。科研不可能都是成功的，应有一定的冒险。科研追求的应是投资有效性，但如果有一天研发上报的科研项目100%都成功了，100%的投资都发生作用了，那就是错误的。为什么？因为不冒险就是最大的资源浪费：浪费了人力、物力与时间。100%的成功就意味着一点风险都没有冒，而没有冒险就意味着没有创新，所以创新就一定要勇于冒险，允许风险就是允许创新。”

华为公司允许试错，任正非曾经坦言每年都有十几亿美元的资金被浪费掉，就是因为华为创新的成功率还不足50%，但华为能够容忍这些浪费和失败。这一点在很多公司很难做到，通常情况下，很多管理者和领导者会给创新人员下达重要指令，并且要求对方立下军令状，如果不能在创新工作中实现预期目标，就会撤换相关负责人。这种管理方法不利于人才的沉淀和成长。据说在华为，每一次开会，所有坐在第一排的人所犯过的错误比其他人都要多，可以说他们的领导力、创新力是用钱砸出来的。

中国汽车为什么没有好的发动机？为什么机械制造没有好的合金材料？中国的很多产品为什么总是在复制和模仿别人？就是因为缺乏良好的创新机制。领导者往往只愿意给予创新者一次机会，如果没有把握住这一次机会，他们就会选择放弃，就会采取最安全、最实惠的方式。而正是缺乏包容性，使得公司的发展一直没能形成好的创新文化。还有一些企业家会事先对创新活动进行风险评估，如果觉得风险过高，认为将会产生浪费，就会提前放弃创新工作。

作为一家拥有成熟体系的公司，华为始终保持强大的包容文化，始终保持自己的战略耐性。由于每年都需要拿出营业收入的10%作为研发资金，华为在未来的几年时间里，每年的研发资金将会突破100亿美元，甚至直逼200亿美元，这样庞大的资金足以确保华为的研发工作顺利展开，也足以保障华为的试错体系正常运转。对华为来说，失败肯定是会有的，浪费也会存在，但是任何一次失败，任何一次因为失败而带来的浪费都是成长过程中的积累。这种积累是有益的，对于华为未来的发展很有帮助，对于华为未来开拓新的领域能够提供基础保障。

允许在创新工作中出现失败，这是华为包容性文化的一个重要体现，也是华为战略部署的一个精准体现，因为华为人看重的是未来研究成果的收益，看重的是技术创新和技术突破的未来市场前景，他们不会在乎一时的成败，不会因为一时的失败而放弃自己的战略规划和布局。

而除了对内包容创新失败，华为还积极主动地从外部引进创新失败的人才。事实上，早在多年之前，华为就一直在关注那些失败的人才，并且积极吸纳这一类人才，明确表示愿意为那些失败者提供更大的平台和机会。因为很多失败者在原有的公司会失去工作，失去继续改正和完善的机会，他们没有更多的机会试错，没有更大的平台来施展自己的才华，而华为恰恰拥有全世界最大、最开放的平台，这样就足以让华为从那些失败的英雄那儿获得最好的经验、最好的技术。最近几年时间，华为每年都会从国内外吸收一些工程师和科学家，这些人在原有的工作岗位上或多或少都遭遇了一些问题，但华为愿意提供更多的机会，让他们可以实现人生的翻盘。

3. 注重创新与市场需求的配合

管理学当中有一个著名的阿尔巴德定理，大意是说，一个企业经营成功与否，全靠对顾客的了解，当企业看到并了解顾客的需求时，基本上就已经成功了一半；满足了别人的需求，企业就成功了全部。企业的创新同样如此，当企业的创新是建立在对市场需求、客户需求的基础上时，整个创新才算合理。管理大师德鲁克说过："创新的成功不取决于它的新颖度、科学内涵和灵巧性，而取决于它在市场上的成功。"市场成为创新唯一的试金石，也是衡量创新成功与否的标准，而想要迎合市场需求，就需要把握好创新的模式和力度。

任正非则提出了一个非常有意思的口号："做工程师商人。"他认为工程师和研发人员的工作不仅仅是为了摸索新技术，不仅仅是为了打破现有的技术瓶颈，或者颠覆现有的技术格局，发明新的东西并不是真正意义上的创新，不是一种高效的创新，好的创新往往在于实践应用，更进一步说，就是服务于市场开发和客户需求，而这就要求创新必须和实践活动结合起来，必须经受住实践的考验。任正非提出的“工程师商人”，本质上就是对创新技术的商业化和市场化，就是将其运用到市场开发和商业价值开发的活动当中去。工程师和研发人员不能仅仅将研发创新工作停留在理论上，不能停留在办公室里，而要懂得将其和市场开发的实践活动结合在一起，通过市场来验证创新技术的合理性和价值。

为了实现这个目标，华为公司建立了端到端的流程：华为公司从了解市场开始，到产品研发，再到生命周期管理，整个流程中的每一个步骤都是由客户的输入来牵引的，而企业运作的每一步都直接面对客户，迎合客户需求。华为公司生产的每一个新产品，开发的每一项新技术，都不是研发人员凭空想象出来的，需要先行进入市场进行检验，如果客户的反馈和市场的反响还不错，就可以继续开发出更完善的产品；如果市场反响不好，那么就果断放弃。

这种创新实际上就是对市场需求、对客户需求的一种满足。华为公司有一个很重要的研发原则，那就是不能拿看似富余的研发资金去做离市场需求太远的事情。简单来说，华为每年都会拿出当年收入的10%用作研发。在2018年，总体收入超过了7000亿元，就意味着会有700亿元投入研发工作，这样一笔巨资对任何企业来说都可以作为重要的保障。但华为并不痴迷于最新最好的技术，也不痴迷于颠覆行业，它只立足于如何服务客户，如何为客户打造最有性价比的产品，因此所有的研发经费都不能乱用，需要用在迎合市场需求这个刀刃上。

华为曾经对那些百年巨头走向衰落进行分析，发现这些巨头的陨落往往不是因为技术不够先进，而恰恰是因为太过痴迷技术，太过痴迷于资本的威力。最典型的就是摩托罗拉，作为曾经的技术流公司，摩托罗拉的技术创新能力在世界上首屈一指。摩托罗拉的创始人老高尔文和他的儿子小高尔文，一直都有一个伟大的愿景，将摩托罗拉打造成一家不以赚钱为目的的公司，而是将实现顾客的梦想作为企业使命。当企业不赚钱或者说不想赚钱的时候，就容易自我毁灭。果不其然，摩托罗拉成立了铱星公司，准备用66颗低轨卫星组成覆盖全球的通信网，建立一个全球范围的通信体系，结果巨大的投入和高端的技术拖垮了铱星公司。

华为从中获得了深刻的教训，因此拒绝被技术和资本捆绑，拒绝用资本投票，而是直接将目光放在市场上，以客户最真实的需求为主导。那么该如何确保创新和市场相结合呢？最简单的方法就是主动进入市场进行考察，发挥出一线员工敏锐的市场嗅觉和信息搜集能力。在管理学中有一个鱼缸理论，主要是说当一个人想要了解鱼在想些什么，最好的方法就是跳进鱼缸，和鱼一起游泳。对于企业来说，想要做好创新工作，想要让创新产品与市场完美结合，就需要主动进入市场进行调查。

比如，华为在变革和创新新产品的时候，往往会建立以客户为中心的创新标准，整个创新体系会延伸到一线“铁三角”的神经末梢，并借此建立起流程管理体系和决策体系。铁三角的组合与一线的灵活、敏锐有效地提升了华为的市场应变能力，只要市场上有什么风吹草动，只要市场有什么新的需求，华为公司就可以在第一时间获取相关信息。

比如，华为员工在工作中曾经发现运营商中有超过30%的光纤由于标识混乱、无法辨识造成资源沉淀而无法使用，运营商最终往往只能选择重新投资铺设，而这种重复性工作会造成大量资源的浪费。不仅如此，运营商在开通光纤网络业务和管理时会遭遇一些不便和低效工作的情况，有时候运维部门一接到订单，就快速将施工人员派到远端施工，可是一到现场就发现光纤已经分配完了。而且对于局端的扩容问题，运营商也觉得很为难，只能采取定期巡查这种土方法来排除潜在的漏洞，无端造成大量人力、物力的浪费。

在了解运营商的实际困难后，华为很快将这些问题放在心上，并且于2007年立项研发解决问题的产品。经过两年的奋斗，华为终于在2009年成功发布名为iODN的解决方案样机。这个产品具有一个最大的特点，那就是实现了对无源光纤网络的可视化管理，这样就可以减少工作中的遗漏、重复、混乱的情况，也减少了定期检查和维护的烦琐流程。不仅如此，由于价格实惠、操作简单，这个产品很快受到客户的青睐。

多年来，华为始终坚持以客户需求为中心，一切创新围绕着市场转动。虽然华为使用开放式创新，吸收各个伟大公司的营养，完善自己的创新模式，打造内部完善的管理体系和生态链，但这一切本身也是为客户服务的。

4．做好理论创新工作

客观进行分析，在过去的30年时间里，华为更多的是享受低成本带来的红利，但是随着华为进入无人区，随着华为渐渐坐上领头羊的位置，华为需要自己去摸索前进的道路，需要自己去开拓新的领域。这种情况下，华为的工程师和科学家们就需要开始仰望星空，开始学会用思想去引领新的前进方向，开辟新的道路和疆场。如果无法把握一个正确、合理的方向，那么华为18万人的队伍将会陷入盲目冲刺的困境，甚至会很快散伙。

想要开拓新的道路，想要把握前进的方向甚至引领行业的发展，华为就需要在仰望星空的时候获得更多的突破，而这种突破首先在于理论创新突破。随着华为不断强大，它正在成为行业内的领头羊，并且可能会攻入无人区，在没有人领航也没有既定规则的前提下，必须改变过去“机会主义”的态度，创立引导理论成了迫在眉睫的任务。

在无人区的创新必须是重大创新，而没有技术突破，没有理论突破，创新就不会形成质变，不会产生爆炸性的创新。

按照任正非的说法，华为的创新水平已经越来越高，但是仍然停留在工程教学、物理算法等工程科学的创新层面，基础理论研究领域仍未涉足。华为目前在现有的理论内已经不断接近极限，在大流量的信息时代，华为的发展日渐迷茫，如果没有在理论上获得突破，没有大量的技术创新和积累，那么相关的创新工作就无法展开。

他在谈到思想创新和理论创新时说过这样一段话："我认为的价值观，是每个要素都要分享到合理的利益和回报。'自由、平等、博爱'很好，但没有定义谁来做蛋糕，没有蛋糕，怎么能做到'自由、平等、博爱'？社会上说将来网络设备白牌化，很便宜，但是'免费的午餐'谁来做、谁来维护？白牌化的网络设备质量能做到非常好吗？维护非常好吗？一个要素分配不到价值时，这个要素就会塌陷。免费的午餐不符合市场经济规律，在这里不赚钱，就在那里捞点钱，这种创新叫'商业模式创新'，而美国是'技术创新'。商业模式创新好不好？我现在先不说。日本遭遇20年金融危机塌下来，日本下面全都是'鹅卵石'，如丰田、松下、索尼等一大批好企业，撑着日本20年没有垮。如果中国一旦遭遇金融危机，垮下来的是什么呢？豆腐渣，假衣、假油——假商品。创新能不能成大产业？没有理论突破，小改小革，就是一地'鸡毛'。"

缺乏理论创新，就不会有投资的深度，这就是任正非对于理论创新的关键解释，所以华为在最近几年反复强调了理论创新的重要性。和一般的商业化创新不同的是，华为的理论创新更加学术化，更接近科学实验的风格，因此不能仅仅依靠更加商业化的工程师，而应该选择更擅长实验室工作氛围的科学家。华为多次强调公司要从工程师创新走向科学家与工程师一同创新，要不惜在芯片、平台软件等方面增加投入，即便冒一点险，也是值得的。尤其是在最核心的方面，公司更要不惜代价，要拿出奋斗精神、牺牲精神，要积极引进电子技术的人才，要引进一些基础理论的人才，并且花费更多的精力来培养这些基础理论的人才，确保整个公司的创新可以从理论方面获得重大突破。

理论创新中有很重要的一部分，那就是基础理论，这是整个创新理论的基础。基础理论是一个非常重要的项目，是创新的前提，但是很多企业往往忽略了对基础理论的研究，只有突破基础理论，企业才可能掌握核心技术，不过，基础理论的突破并不是一朝一夕就可以实现的。即便是一家实力强大的企业，也可能需要花费几十年的时间来沉淀，西方那些巨头公司都在基础理论研究方面经过了几十年的沉淀。因此，仅仅培养或引入人才还是不够的，对于华为来说，还必须改变浮躁的学术风气，必须远离急功近利的想法，必须脚踏实地地做好基础研究工作。

除此之外，华为必须抽调大量资金投入到基础理论研究工作当中，而这些成本是很有必要的，如果企业不舍得投入，或者迫切地希望以最小的成本去获得最大的收获，恐怕会弄巧成拙。可以说基础理论研究是时间、人力、财力、资源的大量投入才能完成的，如果不愿意为之消耗成本，可能就会导致整个研究工作的停滞。

华为这些年来一直在强调创新的价值，同时也在极力地为创新提供更广阔的空间，为创新尤其是理论创新开辟更加独立的空间。谷歌公司内部许多创新活动，都不是在原有的体系中进行的，谷歌公司专门开辟了一个创新特区。华为公司也有类似的创新特区，那就是2012实验室，在这里集中了一批优秀的科学家和研发人员，他们通常会进行一些前端的科学技术研究，而创新理论尤其是基础理论的研究也在实验室里进行。

需要注意的是，基础理论研究并不意味着每天都坐在办公室里写论文，也不意味着每天都进行理论上的推演，想要确保基础理论的正确与合理，就需要在重视论文的前提下把握好实验验证。正确的思想是产生正确的方向的前提，而正确的方向又是确保形成正确思想的重要保障。一旦思想出现了错误，那么相关的理论也会跑偏，没有了正确的理论，企业所有的发展战略就失去了意义，这个时候企业就容易陷入盲目发展的状态。

5．将创新与实践活动结合起来

多数人在谈到创新时，会认为创新是科学家做的事情，需要成天坐在实验室里搞研究，只要单纯地做好理论研究即可。但任何一项研究都不可能离开实践活动，任何先进、实用的技术都不是随随便便摸索出来的，一定结合了实践活动。爱迪生在发明电灯的时候，仅仅在选择合适的灯丝方面就遭遇了挫折，尽管电灯制造的理论知识已经被掌握了，可是一直尝试了1000多种材料，爱迪生才确定钨丝是最合理的选择。

如果没有实践精神，仅仅将创新活动停留在学术层面，停留在理论层面，那么创新活动将会受到很大的影响。《基业长青》一书中，曾经重点讲到组织成功，讲到组织领袖成功，其中有一条重要定理，就是他们都是“稀里糊涂”获得成功的。这里的“稀里糊涂”并不是指毫无目标、毫无规划，而是说在未来还不明确的情况下，企业采取

“摸着石头过河”的方法前进，是指企业家在实践中慢慢摸索前进的道路。无论是微软公司、谷歌公司、苹果公司还是亚马逊公司，它们在发展过程中都经历过这种相对模糊的摸索阶段，而正是这样的方式使得它们能够脚踏实地一步步走出一条属于自己的发展道路。

华为公司在发展过程中同样如此，作为一家民营企业，华为的发展模式尤其是创新模式往往也是采取“摸着石头过河”的方式。技术的挖掘和进步都是建立在实践的基础上，或者说创新是在实践中产生的，这与华为一直坚持实践哲学以及实用主义息息相关。

华为公司副董事长徐直军认为创新应该服务于对现存问题的解决：“科学家和各个领域专家应该去追求科学真理，不能有‘屁股’。比如，有些专家做任何事情总想着自己的部门利益是否会受到损害；还有人担心我们做任何的创新，可能会损害某一类客户的利益……这些都不是我们追求科学真理所采取的做法。我们只有去追求解决存在的问题，才可能有创造和创新，才可能有创造性的解决方案和发明。”

按照徐直军的说法，创新应该是科学理论的进步服务于对现存问题的解决，而这种解决之道毫无疑问应该在实践中去验证。任正非则说得更为直接一些：“我们在变革中，要抓住主要矛盾和矛盾的主要方面，要把握好方向，谋定而后动，要急用先行，不求完美，深入细致地做工作，切忌贪大功为己有地盲动与狭隘。华为公司的管理，只要实用，不要优中选优。天将降大任于斯人也，要头脑清醒，方向正确，踏踏实实，专心致志，努力实践，与大洪流融到一起，必将在这个变革中，获得一定的进步与收获。”

“细致深入地做工作”以及“努力实践”并不是要求盲目投入创新实践工作，而是要求创新者先要主动去了解现实，了解市场需求，了解大的市场环境，在实践中把握创新的方向，掌控创新的力度，提高创新的价值。华为多年来一直反对过去那种单纯的理论研究和纯学术做派，科研人员应该大胆走出实验室，要在实践中获得更多的灵感，在实践中找到理论和实践的有机结合点，并且在实践活动中验证自己的创新成果。

将创新工作和实践结合起来，是华为对研发工作和创新工作的一个基本要求。对华为来说，创新的步子不能迈得太大，创新的路子不能偏离现实工作，不能脱离实践。如果对华为的创新模式进行分析，就会发现它大致经历了这样一个阶段：僵化—优化—固化。僵化是指强制性地套用从外部引入的管理制度，即便存在一些问题，也不要急着去修正，削足适履，迎合外来的管理模式。随着实践工作的推进，华为开始积累更多的经验，对相关的模式也有了更深的理解，此时就针对实际情况进行优化处理，完善和改进一些制度。随着制度优化创新的实施，相关的实践活动会变得更加高效，而且形成一个比较稳定的状态，此时的优化可以暂告一个段落，内部的管理体系需要进行固化，以保证制度实施的稳定性。

在整个变革的过程中，相关的创新都是结合实践来进行的，尤其是优化阶段，公司必须结合自身的实践状况进行安排。更加具体地说，华为的相关技术研发、制度创新都和具体的实践活动有关，比如，华为在研发4G通信设备的时候，一直积极抢占4G市场，工作团队爆发了惊人的战斗力，而在工作当中，有些工作人员发现市场上的

2G和3G用户还有很多，他们未必会接受4G，而且单纯的切换和升级比较麻烦，这个时候他们设想着能否打造一个产品，可以包容2G、3G、4G三种无线通信制式，而在多次试验和实践操作之后，华为顺利研发出了融合2G、3G、4G三种无线通信制式的产品。很显然，这样一种包容性强的产品并不是在实验室中诞生的，只有在实践工作中才能摸索出这个想法，也只有在实践操作中才能把握创新的力度、方向和模式。

在物流领域也是如此。华为每年大约都有180万个订单，并形成30万~50万规模的物流单，而为了确保从始发点货物的供货预估，到货物的装箱管理，再到运送到目的地后的区域分发，以及最后一公里的客户配送这一条物流链条的运作效率，华为不断在实践中进行创新，并开始涉足人工智能技术进行管理。如果没有物流实践活动，人工智能的创新和应用就会受到制约。

作为一个创新型企业，华为在过去10年时间里的创新成就有目共睹，无论是创新成果还是专利技术，都在行业中处于领先位置，这一切并不是华为人关闭大门在实验室里摸索出来的，而是在实践工作的经验总结和技术验证下形成的创新。

6. 去中心化的创新管理模式

每个企业都有属于自己的创新模式，而有关创新模式的构建属于企业的内部顶层设计。华为在顶层设计的过程中曾经经历了“拿来主义”和“自主创造”的阶段。在“拿来主义”这一阶段，无论是技术创新还是体制创新，都采取了比较简单直白的做法，那就是模仿其他企业尤其是西方企业的发展模式，直接将技术和制度转化成自己的东西。无论是技术上的模仿，还是从IBM、HAY公司引入的管理体系，这些都是典型的“拿来主义”，这一阶段的整个创新活动都是以“外部引进”为主，具有明显的模仿倾向。

到了“自主创造”阶段，华为更加注重自主研发和自主创造，在技术上开始寻求新的突破，在管理制度和管理体系的打造上则看重新模式的探索，这种探索也是对此前管理模式的一种优化处理，而非变革，很多方面仍旧需要借鉴前人的思想，借鉴其他企业的发展模式，但是相比而言，华为已经更多地按照自身的实际状况进行创新，这一点在管理模式中尤为明显。

一般来说，传统的组织模式分为创新大师模式（某一个领袖领导众多下属工程师完成创新活动）和集团模式（公司或者团队通过兼并和重组来提升组织的组装能力以及创新能力）。很多时候，这两种模式是不兼容的，但在现代企业发展模式中，常常需要将两者有机结合起来，而华为公司干脆以此为基础，结合了现实的创新需求，从而总结出了一套全球创新蜂巢模式。按照华为人的理解，这一模式就是：一群蜜蜂在没有领袖发号施令的前提下，也能朝着同一个方向飞。

实际上，蜂巢模式并不是华为人首创的。早在数年前，管理学家凯文·凯利就在《失控》一书中谈到了蜂巢理论，他认为蜂群有一套非常神奇高效的运作模式，在整个蜂群中，蜂王是名义上的首领，但它除了生育并不具备其他指导和控制的功能，所有的蜂都不会获得什么指令，它们的所有行动都像是自愿自主进行的。在这里，有一双无形的大手在操控蜂群中的所有成员，在操控蜂群的前进方向和奋斗目标。华为的目的也正在于此，他们也希望打造一双无形的手来操控一切，确保所有研发人员可以积极主动地进行创新，可以保持创新的优势。

这是对传统管理流程和决策流程的挑战以及颠覆，一般来说，任何一个公司都会存在一个核心管理层，公司的领导或者高层负责控制整个公司的正常运作，他们会下达相关的指令，并确保指令可以逐层向下传达，保证工作的有序性和有效性。但是对于创新工作来说，这种自上而下的决策模式可能会带来一些弊端，比如，中间阶层太多，导致信息传递的效率低下；又如，参与阶层太多，容易导致内部矛盾的增加；再如，指令式的创新显得过于被动，会消耗大量的积极性。可以说，虽然创新是一项目标统一、行动统一的工作，但这种统一完全可以以自由的形态出现，而非指令和规则的约束。

在华为人看来，理想的工作模式应该是一群人为了做成某种事情而聚在一起的群体，彼此之间相互协作、相互帮助、相互监督、相互成就，这样可以最大化地激发每一个人的创新思维，可以激发团队创新能力。那么如何才能找到一只无形的大手来支撑这种理想化的工作模式呢？企业文化是关键。华为内部的创新文化、创新文化氛围比较浓烈，这有助于华为公司创新活动的展开。不仅如此，华为公司多年来一直都是100%全体成员持股的企业，财务分享制度带来的合作理念、分享理念、自发奋斗、自发创新的理念为所有工程师提供了新的创新思维，这些创新思维的内在是统一的。

在信息技术时代和数字化时代，华为公司正在逐渐剥离原有的组织架构和权力体系，领袖的角色被淡化之后，华为公司重点打造了去中心化的管理模式，以此来放大员工的创新智慧，以此来汇集员工的创新理念。开放的、包容的、自由的、融为一体的创新文化为华为公司的创新蜂巢模式提供了坚实的保障。

蜂巢理论的运用就是管理模式去中心化的具体体现，而关于这一点，华为公司已经在人力资源管理方面着手进行改造。2018年7月，任正非在华为总裁办邮件中特别强调了一个观点，将原来人力资源部具体管人的权限分离出来，然后建立一个总干部部。成立这样一个特殊的部门并不是为了增加流程，而是专门负责全局范围协调干部队伍，为干部的跨领域成长、流动、能力成长提供保证，并且积极监督和管理干部。在任正非看来，华为目前的人力资源过于权力中心化，干部容易依靠强大的权力做出一些不符合实情的判断，做出一些不切合实际的指挥，甚至“指鹿为马”，带领队伍走向错误的方向。所以华为必须在未来的人力资源体系中打造出两个系统，一个是人力资源体系，另一个是干部部体系。人力资源体系的去中心化模式，使得人力资源管理工作有了一根强有力的“拐棍”。

与此同时，阿里巴巴和小米等国内巨头也纷纷对内进行组织变革，确保去中心化战略的实施。而当国内的龙头企业相继做出组织变革时，意味着新的管理时代正在到来，意味着企业对新的管理模式的迫切需求。毕竟从企业管理角度来说，如果能够打造一套完整的法规制度体系，而且这些制度体系能够快速反映任何一个环节的纰漏，能够自主修复环节中出现的问题，不需要就事生成一些所谓的领导意见，那么这样的体系就具备强大的自我管理能力，可以灵活调动内部力量，可以保证内部行动的完全统一和简洁高效。

HUAWEI

SPIRIT

华 为 精 神

第七章

胜则举杯相庆，败则拼死相救

从合作的角度来说，权力的相互制衡能够有效推动内部各个部门的相互协作，为了确保公司的正常发展，每一个合作者都会做好自己的分内工作，都会认真履行自己的职责。

1. 拒绝个人主义和英雄主义

全世界绝大多数伟大的公司可能都会面临这样的问题：企业是个人的、团队的，还是具有个人印记的？微软公司的总裁换了好几届，但是谁都知道微软公司的名片就是比尔·盖茨，苹果公司也永远会成为乔布斯的专属，Facebook的代表人物就是扎克伯格，甲骨文公司的代表人物就是拉里·埃里森，亚马逊公司的代表就是贝佐斯，谷歌公司的代表是拉里·佩奇和谢尔盖·布林，阿里巴巴的代表就是马云，对于华为来说，任正非就是整个华为的标签。尽管企业家们一直都在淡化个人的形象与印记，但对于伟大的创业者来说，企业、市场以及整个社会都需要他们站出来担当这样的角色，这是某种社会性的需求，更确切地说，时代发展是需要英雄来成就的，而且人们似乎也非常乐于见到改变世界的英雄。

但是对于企业家个人而言，他们或许并没有想过将企业的成功建立在个人英雄主义的基础上，他们并不愿意别人谈到企业成功时，忽略整个团队的努力。从华为的发展历程来看，整个公司在发展的过程中经历过“英雄主义盛行”的时期，尤其是在创业初期，华为对于“英雄”的依赖比较严重。这也是所有公司的通病。一般情况下，公司都会依赖创始人或者个别强大的核心人物来展开工作，无论是战略制定者、管理者、技术工、开创者，还是市场营销人员，在创业初期，个人强大的能力和影响力都是推动团队起步的关键，是克服困难的关键，但随着团队的壮大发展，个人扮演的戏份应该降低，个人应该向团队靠拢，团队应该向内部合作靠拢，此时个人英雄主义反而容易成为低效的、破坏合作文化的祸首。

华为在发展过程中也一度遭遇了困境，那个时候华为不得不依赖英雄来解决问题，无论是技术骨干还是干部中的佼佼者，他们都曾带领华为走出低谷和困惑。其中以任正非为代表的核心人物和英雄一度成为华为发展的重要推动力，无论是谁，都不曾否认华为的英雄情结，即便是到了现在，华为也在呼唤英雄，但看中英雄并不代表华为就推行个人主义和英雄主义。

比如，任正非作为整个华为的创始人和领军人物，一直都是整个华为公司的代表性符号，但他也曾多次谦逊地表示：“我又不懂技术，又不懂财务，又不懂管理，其实我就是坐在他们的车上，他们在前面拉，我出来看一看，以为都是我搞的。（华为企业文化）不是我创造的，而是全体员工悟出来的，我那时最多是从一个甩手掌柜，变成了一个文化教员。业界老说我神秘、伟大，其实我知道自己，名实不符。真正聪明的是13万员工，以及客户的宽容与牵引，我只不过用利益分享的方式，将他们的才智黏合起来。”

多年来，他始终以身作则，坚决反对内部的英雄主义，对于那些有着个人主义和英雄主义倾向的员工和干部，他一直都不赞成给予重任：“有些干部看起来好像没有什么成就，但他负责的目标实现得很好，他实质上就起到了领袖的作用。范仲淹说的那种广义的社会责任体现出的是政治家才能，我们这种狭义的社会责任体现出的是企业管理者才能。我们还有些个人成就欲特强的人，我们也不打击他，而是肯定他、支持他、信任他，把他培养成英雄模范。但不能让他当领袖，除非他能慢慢改变过来，否则永远只能从事具体工作。这些人没有经过社会责任感的改造，进入高层，容易引起不团结，甚至分裂。”

按照任正非的说法，个人主义和英雄主义会破坏企业内部的团队合作，同时也会带来更多决策上的失误，因为无论是谁，都不可能保持决策的绝对正确，个人能力的限制和思维局限性注定了相关工作无法保持绝对的科学合理。在很多时候，个人英雄主义滋生出来的自大和独裁管理，容易将团队推向错误的处境，并导致工作效率的退化。

事实上，华为建立的人才管理文化中就有这样一点，“这个公司无论离开谁，都可以继续转动”，因此所谓的个人主义和英雄主义并没有必要存在，如果谁总是想着依靠个人能力来带动整个团队的发展，最后很可能会影响团队的基本运作。

对于华为人来说，公司想要跟上国际化的脚步，想要成为最强大的企业和团队，不能仅仅从规模上、利润上实现突破，还应该在管理上有所提高，一个真正具备竞争力的伟大企业是具备职业化管理模式的，而“淡化英雄色彩，特别是淡化领导者、创业者们的个人色彩，是实现职业化管理的必经之路”。

从现实的角度来分析，任何一家伟大的公司、任何一个伟大的团队都需要呼唤英雄。优秀企业往往都需要依靠英雄的力量，都需要借助英雄的个人能力来指引团队的发展，带领团队解决各种障碍和困难，但是这里的英雄并不是个人，并不是少数高层管理者，并不是那些执掌大权的人，而是一个群体，一个为同一个目标共同努力的群体。在华为公司，这个英雄就是所有的华为人，就是那些为华为目标而艰苦奋斗的奋斗者。所以真正的英雄，应该是一个团队标签；真正的成就，应该是团队所有成员的成就，干部们将所有的功劳一个人独揽，那么员工的积极性就会大打折扣，整个公司也会陷入低效作战的艰难处境。

2．个人利益应当服从集体利益

在企业或者团队中，有一组矛盾往往应该引起足够的重视，如果处理不当，就容易引起内部的分裂，导致整个团队的发展陷入困境，这组矛盾就是个人利益与集体利益的冲突。个人利益主要是指个人在工作中的目标和需求，是个人期望获得的那些东西。而集体利益主要是指团队和企业发展的目标，是团队发展效益的一种体现。

从现实的角度来说，多数人参加工作都是立足于对自身利益和自身需求的满足，他们工作的动力往往是满足个人的目标，包括个人的物质要求（工资），个人的发展需求（人生规划，渴望获得的尊重，以及自我实现的要求），但是对于个人利益的追求和满足往往应该建立在团队利益实现的基础上，如果团队发展状况不佳，团队的目标没有实现，那么个人利益也势必会受到影响。有很多人可能会漠视团队的目标，漠视集体的利益，甚至为了满足个人利益而损害集体利益。

任正非一直都倡导个人利益的实现必须以集体利益为先。2018年4月11日，任正非前往黎巴嫩代表处看望员工，并发表了重要讲话："我们是鼓励在集体主义下的个人主义，员工要在本部门做得好的情况下，个人才有成长前途。不要一事当前，先想个人的发展。"

他认为过于重视个人利益是一种私心的表现，是对团队组织的不信任，这种私心往往很容易摧毁团队辛辛苦苦建立起来的文化体系，很容易导致团队发展受到重大阻碍。他说过："从我创办华为担任总裁那一天起，就深感置身于内外矛盾冲突的旋涡中，深感处在各种利益碰撞与诱惑的中心，同时也深感自己肩上责任的沉重。如何从容地应对各种冲突和矛盾，如何在两难困境中果断地决策和取舍，如何长期地抵御住私欲的诱惑和干扰，唯有彻底抛弃一切私心杂念。"

任正非认为华为最大的敌人不是思科公司，不是苹果公司，不是爱立信和诺基亚，而是自己。他可以容忍其他竞争者占据优势，可以容忍其他竞争对手占据领头羊的位置，但绝对不容许"堡垒从内部攻破"，内部的贪腐问题、小团体主义、部门墙问题、个人主义都会给团队发展带来重大的隐患，因此从一开始就要坚决杜绝和打击。

2013年1月14日，在深圳坂田基地召开的华为"董事会自律宣言"宣誓大会上，任正非和孙亚芳、徐直军以及其他中高级管理者一同庄严宣誓："我们是公司的领导核心，是牵引公司前进的发动机。我们要众志成城、万众一心，把所有的力量都聚焦在公司的业务发展上。我们必须廉洁正气、奋发图强、励精图治，带领公司冲过未来征程上的暗礁险滩。我们绝不允许'上梁不正下梁歪'，绝不允许'堡垒从内部攻破'。我们将坚决履行以上承诺，并接受公司监事会和全体员工的监督。”

在涉及这一类事情时，钱往往是一个绕不开的话题，也是最容易出现问题的一个环节。华为公司内部并不避讳谈钱，就连任正非也将钱作为最重要的一种激励方式，他希望员工能够建立正确的钱财观念，同时能够保持对金钱的渴望，但是任何一种获取都应该建立在个人努力的基础上，都应该建立在不违背团队利益、不破坏团队发展的基础上。对于一般的公司来说，在发展困难、条件艰苦的时候，员工容易经受不住外在的诱惑；当公司发展迅速，工资和待遇越来越好的时候，也容易出现贪腐问题，大家对于财富的追求会陷入一个片面和错误的状态。

正因为如此，华为杜绝一切为了个人利益而牺牲集体利益的行为，尤其是对于内部的一些贪污受贿行为，一经发现，严惩不贷。比如仅仅在2014年这一年，华为公司便查处了116名涉嫌腐败的内部职员，其中涉及69家经销商。查出来之后，公司会将贪腐员工的姓名、工号、所属部门、腐败原因进行通报，并且表示相关涉事人员会移送公安机关处理。

事实上，为了让员工对团队产生更大的忠诚度，任正非一直都在提高员工的待遇，最典型的就是“工者有其股”的制度，任正非主张股权归于员工，因此员工控股比例为98.58%，而任正非持股比例仅仅为1.42%。之所以建立这样的制度，就是为了确保所有人都可以保持同心同德，为共同的目标而奋斗，而任正非从自己做起，杜绝为个人利益开绿灯。

除了在物质方面让员工获得更大的满足，多年来，华为一直都在提高内部人员尤其是干部的集体意识。华为尊重个人的成就需求动机，尊重个人对自身合法利益的需求，但是他们更希望引导员工转变思维，赋予个人需求动机更深的内涵，提高它的层次，从过去为个人取得的工作成就而自豪，转变成为团队获得的成功而骄傲。华为公司引导员工进入一个新的心理舒适区，引导所有人将自我实现寄托在团队的自我实现当中，将个人利益寄托在团队利益上。公司一步步引导员工关注组织内部的制度建设、流程操作优化，建立起为“公司整体成功效力”的观念。

在这种思维和价值观的灌输下，个人就会专注于提升自己对团队的影响力，会专注于提升个人的工作能力和职业忠诚度。可以说，华为公司之所以始终能够以一个整体出现，始终能够保持强大的竞争力和生产力，就是因为内部足够团结，具备统一的文化和强大的向心力，这才使得华为可以具备世界级别的执行力。

3．做好授权工作，做到人职匹配

一家伟大的公司需要一个强势的领导者，需要一个能够爆发出强大领导力的关键人物，但是除了这个关键的领导人物之外，企业还需要更多的帮手，这些人必须站出来分担领导者的压力，必须帮助领导者打造强大的管理团队。正因为如此，企业必须想办法进行分权，必须设定完善的、合理的分权制度，领导者也要拥有分权意识，主动将权力下放给其他人，让更多的人参与到团队建设当中来，同时确保每一个帮手可以在最合适的岗位上发挥自己的优势，让他们产生最大的价值。

比如说苹果公司，许多人通常只知道乔布斯，但实际上乔布斯手下拥有九大虎将，正是这9个人的存在，才有效分担了乔布斯的压力，并且各自发挥特长，带领苹果公司走向辉煌。比如苹果现任CEO库克曾被誉为除乔布斯之外最了解苹果公司的人，是供应链和库存管理的高手，曾在一年之内让亏损10亿美元的苹果公司扭亏为盈。

iOS软件部门高级副总裁斯科特·福斯特尔负责iOS系统的设计，他是苹果公司王牌软件设计师。

工业设计高级副总裁乔纳森·艾维，是苹果公司内部的产品首席设计师，曾经主导了MacBook、iPod、iPhone、iMac G3、PowerBook G4、iPad等产品的设计，被称为“苹果产品灵魂”。

零售业务高级副总裁荣·约翰逊，成功说服乔布斯组建苹果零售店，成为苹果零售店模式的奠基人，为苹果公司的市场扩张做出重大贡献，被人称为“苹果零售店之父”。

Mac硬件工程高级副总裁鲍勃·曼斯菲尔德，主要负责Mac和iPhone两个部门的工程事务，为苹果电脑和手机的研发生产做出重要贡献。

CFO兼高级副总裁彼得·奥本海默主要负责管理公司的财务系统，是苹果公司内部的财务管家。善于理财的他，重点负责苹果公司的财务，并对投资者关系、企业发展、信息系统、内部审计、税务以及人力资源等诸多方面的事务负责。正因为他的存在，苹果内部的财政系统非常完善，财务状况也一直很出色，而这一切为产品研发和业务运营提供了坚实的资金保障。

全球产品营销高级副总裁菲尔·席勒，是一位营销大师，拥有丰富的管理经验和营销经验，苹果公司的产品推广、营销和广告大都由他负责。

首席法律顾问、高级副总裁布鲁斯·赛威尔，主要负责苹果公司的企业治理、知识产权、诉讼、证券以及政府事务等法务和治理事务，堪称苹果公司的诉讼急先锋。

负责运营的高级副总裁杰夫·威廉姆斯，主要负责产品质检，他领导的团队一直以来都在负责全球的终端对终端供应链管理，确保苹果产品符合最严格的质量标准。可以说正是因为他的努力，才使得苹果公司的产品赢得客户的信赖。

这9个人是乔布斯最得力的帮手，而乔布斯也深知每一个人的能力特点，因此愿意给予他们更多的平台和权力释放各自的能力。华为公司同样注重授权工作，同样注重办事效率，任正非一直以来都在强调分权和授权的重要性，强调让最合适的人出现在最合适的岗位上。

任正非曾经谦虚地进行表态：“我个人谈不上伟大，我是个普通人，我自己什么都不懂，也什么都不会，只能借助比我更专业和更有能力的人。我们不懂管理，就花钱请IBM来帮我们做流程和供应链管理，请HAY来做职位评价体系与任职资格体系。”

授权的一个前提是人职匹配，只有确保做到人职匹配，整个授权模式才有意义。这里提到的人职匹配具有三个方面的内容。人职匹配的第一个内容就是专业技能的对接，简单来说，就是弄清楚什么人适合做什么事，然后将最合适的人安排到最合适的岗位上。在华为公司，任正非采取了有效的分权模式，让真正有能力的人出现在最合适的岗位上。比如任正非善于制定策略，具有强大的战略思维，而且擅长对内的管理，因此主要负责内部的管理；而孙亚芳善于外部协调，对外的沟通能力、协调能力很强，因此主要做一些协调性的工作；余承东性格鲜明，在人际关系处理上欠缺一些，但优势在于营销，所以任正非让他去管理手机业务。合理的分权是建立在每一个人能力特点的基础上的，只有针对每一个人的优缺点进行分析，才有可能打造一支相互补充、相互完善、相互合作的强大队伍，才能让分权成为一种高效作战的方式，而非一种单纯的民主形式。

第二个内容就是能力上的对接。管理学家劳伦斯·彼得对成百上千个组织进行调查，发现了一个令人惊讶的现象：组织中的多数人都不能胜任自己当前的工作，他们大都处于一种挣扎状态，而且容易遭受失败。劳伦斯·彼得进行深入挖掘，得出了一个结论，那就是在一个等级制度中，每个职工趋向于上升到他所不能胜任的地位。即当一个员工能够做好自己的工作时，就会迫不及待地追求更高位置的工作，而这份更高的工作是他无法完成的。

这就是著名的彼得原理，而这样的情况在企业中非常常见，可以说，多数员工都会觉得一旦自己可以应对自己的分内工作时，就想办法往更高层次的岗位上努力，尽管他们并不适应这个岗位的工作。这样就会造成一个畸形的人事安排，“每一个职位或者岗位最终都将被一个不能胜任其工作的职工所占据，导致层级组织的工作任务多半是由尚未达到胜任阶层的员工完成的”。

为了避免盲目分权带来的岗位不适应性，华为制定了严格的考核制度，对于那些考核绩效不达标的人员，直接给予下调岗位的处分，或者直接予以开除。不仅如此，华为还曾进行“离职再就业”的活动，让部门内部工作绩效不达标的人重新竞争岗位，从而激活内部的竞争力和活力。

第三个就是人力资源与职位是否保持最基本的一对一配对。比如某企业领导发现很多部门内部的员工忙得连休息的时间都没有，但也有很多无所事事的干部存在，这些人根本没有给企业创造价值，却每天都待在岗位上占据薪资空间。领导准备进行人事改革，将那些没有事情可做的人全部踢出公司，重新招聘了一批人。这样的改革解决的只是事情的表象，切掉的问题也不是根源，而是“壁虎的尾巴”，用不了多久，这条尾巴会重新长出来。

很显然，在整个企业中，每一个人都有自己固定的岗位，每一个人都有与之相匹配的工作与职责，在一个良性的循环体系中，每一个人各司其职，没有一个人多余，也没有一个职位空缺。当一个企业出现一边忙死、一边闲得要命的情况时，证明了一个严重的问题，那就是流程非常混乱，有的人做了不该自己做的事情，有的人则没有做自己应该做的事情。从本质上来说，流程管理不到位就必然会导致工作安排的失调，即便再换一批人，肯定还会出现同样的情况，因此企业领导当务之急是对流程进行重新整合，让每一个人找到属于自己的工作，并积极构建责任制度，这才是解决问题的最终方案。

在华为公司，管理者有效综合了这三个方面的内容，保证了内部员工的工作状态和竞争状态，同时保证了授权的高效性和民主性。

4. 打造开放的沟通体系

一个企业是否团结一致，是否能够通过合作来形成强大的力量，往往可以从内部的沟通交流效果来窥探。一般来说，内部沟通非常顺畅的企业，内部的凝聚力比较强，能够有效提高协作效率。反过来说，如果内部沟通不畅，各部门都相互独立、相互封闭和防备，缺乏直接的交流，那么工作效率势必会受到影响，团队的竞争力也会降低。从某种意义上来说，沟通是团队合作的前提和保障。

自从创业成立以来，华为一直都在强调内部沟通的开放性，并将其当成提高内部交流效率和工作效率的关键。而为了保障沟通体系的开放性，华为积极构建开放的沟通渠道和沟通平台，并且对相关的组织结构也进行了变革，为开放式的沟通创造更便利的条件。

首先华为致力于打造开放的沟通平台和通道，在这些平台上，华为人具备自由交流的机会。任正非说过："公元1世纪至5世纪是人类文明繁荣的历史时期，那时没有互联网、没有电话，但是不要认为很落后，民主制度、雅典法典、罗马法典、议会制度等都来源于那个时候，因为每个人都可以站在罗马广场上阐述自己的观点，天才成批来。心声社区就是一个‘罗马广场’，STW也要成为一个‘罗马广场’。心声社区总体是很健康的，让大家免费免责提意见，使华为文化得到普及。虽然大家在上面‘胡说八道’，针对我们说的，有很多人来评头论足。这些跟帖就是未来将星在闪耀。我不需要知道马甲背后是谁，但是我知道华为有人才。”

他还充分提到了沟通的一些原则：“周有光年轻时曾在美国纽约工作，他同学在普林斯顿教书，介绍他去陪爱因斯坦聊天，因为爱因斯坦太孤独了。爱因斯坦讲物理引力波之类的‘天书’，周有光讲国际经济形势之类的‘地书’，他们只有一句话是共同的——‘人生的伟大在业余’。

“新员工进入公司，应该积极加强沟通，做好充分准备，把自己最优秀的一面充分发挥。希望年轻人将精力聚焦在多产粮食和增强土壤肥力上，不局限在各自专业，应跨部门、跨专业地沟通。华为以前的传统就是‘喜群居、吃杂食’，一群人互相交流、互相提高，少一点埋怨。如果我们把埋怨的能量用来‘刨地’，相信收获成果时就不会有埋怨，工资涨了，机会也来了。心声社区是开放的，所有批评我们的帖子都不会删减，而且保护发帖人的隐私。如果你们骂完以后，心里舒服了，不得忧郁症，我们也算是做了贡献。但是，简单的点赞没有必要；没理由的攻击，不可取；特别是人身攻击，更不可取。我们也能够区分心声社区上的建设性意见，从中吸取合理的营养。”

类似于心声社区、华为内刊之类的，都是开放性的交流平台，员工可以自由地借助这些平台谈论自己内心真实的想法，可以同他人分享自己的经验和成果，也可以直接在上面吸收和搜集他人的想法。许多新人经常会借助心声社区提问，并获得更多的工作经验和生活经验。一些老员工也经常会在平台上面分享一些有价值、有意义的东西，为其他人提供必要的帮助。

为了保障开放性，华为下达了指令，任何人不得干预自由发言、自由表达的权利，如果有人试图干预他人，试图剥夺他人的发言权和话语权，将会受到公司的严惩。正因为如此，很多时候员工反而能够将工作中遇到的问题、公司存在的问题、上级领导管理中出现的问题全部指出来，这样就可以在内部形成新的讨论，可以形成新的监督和新的民主体系。

另外，华为对相关的制度进行改进，尤其是对内部的决策管理体制做出调整。之前华为一直强调“上层做势，基层做实”的模式，认为高层管理者需要制定战略目标，中层管理者负责任务传递和上下连接，基层执行者主要负责落实。每一个不同阶层的人都有明确的分工，但是任正非这些年屡次强调建立一个开放的思想架构，打造一个自由、民主、分享的沟通环境，他多次明确表示：“你们是一把伞，可能与业务部门有冲突，各说各的调，唱唱双簧，他们做他们的‘矛’，也没有什么不好，没有必要步调一致。”

正因为如此，多年来，华为始终保持开放的决策，并且确保让一定比例的中低层职员参与高层决策。按照华为的说法，最高司令部的工作叫“战略决策”，一般会有少量的新员工可以参加；下一层的叫作“战役决策”，包括产品决策以及区域性决策，新员工、低层级员工都可以参加。

很多人质疑新人也参加高层决策，认为这是在作秀而已，毕竟新人对于公司的运作和管理根本不了解，但是按照任正非的说法：“帮领导‘拎皮包’也可以呀！他参加了会议即使很多内容听不懂，但脑袋开了天光，提早对未来作战明白，而且他们还年轻，新生力量就像鲇鱼一样，把整个鱼群全激活了。”

可以说华为的开放性沟通体系并不只是一个简单的口号，并不仅仅只是停留在一些无关痛痒的小事情上，从决策到执行，从管理者到执行者，从工作到生活，都体现出了开放性的原则，也都体现出了开放的需求。

最后，为了确保沟通的顺畅性和开放性，任正非对华为公司的组织形式进行改革。过去是直线式的管理结构（任正非领导公司的综合办公室，下面设有5个大系统：中研总部、市场总部、制造系统、财经系统、行政管理系统），这种组织结构往往容易产生纵向的沟通，而对横向的沟通不会起太大作用，甚至阻碍横向沟通，部门之间的协调性往往比较差。

为此，华为将过去那种直线式的组织结构改变为更加灵活的矩阵结构，公司将内部不同机构、不同部门、不同职位以及不同能力和特点的人员紧密联系在一起，从而形成一个整体性的、纵横交错的运行网络。不仅如此，公司还将事业分工和专业职能分工有机结合起来。此举极大地提高了内部的协作效率，使得整个企业在真正意义上形成了一个统一的、合作的优秀团队。

2005年，华为通过人力资源管理委员会、财经管理委员会和产品战略投资综合评审委员会着手对事业部进行管理和控制，之后华为成立了7个片区，内部包含了20多个地区部。这样的扁平化结构可以有效保证决策权尽量往一线移动，提高企业的市场应变能力。2010年，华为再次升级相关的组织，当时，它重点对设备、终端、软件服务等部门进行重新整理，将过去单纯的业务类型转向客户和市场。这个时候，矩阵结构开始正式形成。

矩阵结构是一种横向联系、纵向沟通的管理模式，可以有效平衡企业中的各项利益，将员工的目光聚焦在华为公司的集体利益之上，增加部门间的沟通，消除部门内存在的小团体现象和山头主义，它比垂直式的管理方式更加合理和高效。

如果说心声社区打造了内部交流的开放性平台，制度带来了开放沟通的保障和执行，那么矩阵结构则从根本上解决了部门之间相互封闭的状态。可以说，正是三者的有机结合，华为开放的沟通体系得以成功构建。

5. 积极调动身边可利用的各种资源

一些竞争对手在评价华为公司时曾这样感慨道："这是一场你很难赢得的竞赛，因为你永远会发现自己面前站着一群华为人。"在他们看来，华为人足够团结，而且他们总是能够想办法将力量集中在一起，对于对手来说，一个华为人可能和一群华为人甚至整个华为公司的人没有什么区别。

比如，在进行市场开发的时候，市场部员工往往需要搜集很多重要的资料，需要借助其他外在的帮助来实现工作目标，这个时候有的人可能会直接选择硬着头皮做市场调研，自己去寻找开发所需的资金和人才。而在华为公司内部，市场部员工完全可以获得其他人的帮助，他们可以借助内部的沟通平台提出申请，然后拿到自己想要的相关信息。比如，可以从研发部要到第一手的产品资料，可以从财务部尽可能获得更多的资金支持，甚至可以获得客户的积极反馈。任何一个员工都可以通过内部的沟通渠道获得自己所需要的资源，可以获得所需要的帮助。

在过去的工作体系中，华为人就展示出了这种资源调动能力和集体合作的体系。在早期开拓市场的时候，只要有人发现了商机，只要一个电话或者一份文件，附近市场上的工作者就会无条件地赶过来帮忙，都会集合在一起为这个员工提供必要的资源。

在国际市场上，华为的发展一直坚持相互帮助、相互补充的原则，不同的队伍在开辟不同的市场时，往往不会采取孤立的行动，每一个开发和开拓市场的团队在奋斗时，都会积累丰富的经验，而这些经验会在整个华为公司传播和分享。

比如，在开辟非洲市场和美洲市场时，华为团队经常会遭遇各种困难，而当他们无法解决这些困难和问题时，员工往往可以迅速找到一些有价值的经验。最明显的就是埃塞俄比亚的工作经历，作为非洲最不发达的国家之一，埃塞俄比亚市场开发难度比其他地方都要大，经济条件落后，自然条件艰苦，加上埃塞俄比亚政府以及客户意志力不坚定，导致华为开发团队几经波折。但在啃下这块难啃的硬骨头之后，华为已经对开发埃塞俄比亚市场的经验完完全全地做出分析和总结，还特意拍了视频，整个项目的实施背景、实施方法、实施效果都被完整呈现出来，华为的任何员工都可以从公司内部的资料库中调取这些经验。不仅如此，开拓新市场的人还直接邀请每年开辟埃塞俄比亚市场的工作人员做顾问，双方进行深入交流，确保相关经验可以更好地进行传播。

很多人都没有主动挖掘和利用身边资源的意识，而华为一直都在强调员工积极培养这种能力。毕竟任何一个人的力量都是有限的，不可能应对所有的工作，不可能在个人职责范围之外以及能力范围之外的事情上提供更多的帮助。而华为一直都在鼓励员工发挥自身的优势，同时积极联系身边的人，积极利用身边的资源，毕竟华为公司本身就为员工提供了最好的平台、最好的商业资源以及最强大的后盾。

华为人一直都倡导价值和能力的最大化，这种最大化往往意味着对外在效能的把握上，因此人们不要局限于自己的角色定位和能力定位，每一个人都有可能从身边人当中掌握更强大的竞争武器。这种获取并不仅仅局限于团队内部，有时候人们也可以从团队外面获得更多的帮助。

很多华为人在国外市场工作的时候，往往会注重和当地人打交道，会注重与客户保持良好的合作关系，而这种合作互动往往在于资源的有效利用。比如在2012年和2013年这两年间，欧盟贸易专员认为华为有低价倾销的嫌疑，于是对华为发起了反倾销、反补贴调查，可就在这个时候，华为联合爱立信、诺基亚西门子、阿尔卡特朗讯公司为自己做证，而这些企业并没有落井下石，客观地站出来为华为背书，解决了华为的危机。而在更早一些的时候，华为面对思科公司有关侵犯专利的诉讼，在不利的局面下，华为找到了美国3Com公司为自己做证。不仅仅是竞争对手与合作伙伴，一些客户也经常会站出来替华为解围，只要华为真的遭遇了一些难以解决的问题，他们同样会慷慨地施以援手，而华为本身要善于把握和利用这一类资源。

在华为的企业文化中，合作是一个非常重要的概念，而这里谈到的合作并不仅仅是简单的统一行动，而是一种形成良好互动的机制，形成一种相互补充的交流文化。华为的狼群文化、合作文化，从企业层面来说，就是一种协作机制；但从个人行为这一微观层面来说，就是要求个人懂得调动身边可利用的资源。从个人层面来说，合作行为的存在，是个人自身价值最大化的一种体现，毕竟个人手头的资源和人脉也属于能力价值的范畴。

无论如何，发挥自身潜在的资源优势和人脉优势，这本身就属于华为精神中很重要的一个组成部分，这也是任何一个华为人应该具备的能力和素养，应该积极掌握的精神特质，因为整个华为公司的发展就是建立在合作共赢的基础上的，而且华为公司想要获得更大的发展和突破，也需要华为人尽可能放大自身的价值。

6. 实现内部权力的相互制衡

在过去很长一段时间内，企业都会建立起中央集权制的管理模式。创业者在成立公司之后，为了保住自己的创业成果，为了强化自己对公司的控制，往往会将权力过分集中在自己一个人手上。一些管理欲望很强烈、权力欲望很强烈的管理者同样喜欢这种集权形式，对他们来说，这是展示自身能力和魅力的重要保障，也是体现个人主义和英雄主义的一个重要方法。

但是对于企业来说，尤其是那些规模很大的企业，权力一旦过度集中在一个人或者少数几个人身上，内部管理就容易产生独裁管理的倾向，而独裁管理往往会导致内部管理的盲目、低效和偏差。更重要的是，独裁对于团队的合作文化是一种巨大伤害，对于内部的团结非常不利，过于独裁的管理模式往往会破坏内部的化学反应。

在管理企业方面，为了抑制独裁管理，华为内部建立了一套民主高效的治理制度——三权分立。华为做出明确规定，凡是3级部门以上的组织机构，内部必须成立相应的办公会议以及行政管理团队，公司级各功能组织间则需要成立一个跨部门的委员会，比如常见的战略与客户委员会、人力资源委员会等。就这样，办公会议、行政管理团队、委员会构成了华为三权分立的模式。

这个模式中，各组织机构有着不同的职责和作用，三者相互独立又相互制约。其中，办公会议负责部门日常业务和基本运作，坚持运用首长负责制进行管理，首长需要对相关事务负责，而且他享有最终的行事批准权。行政管理团队从事行政管理方面的工作，主要是进行人事安排，该组织机构强调集体决策，实行一人一票的决策制度，尽可能体现出民主性。对于团队领导来说，最后的否决权抓在自己手上，但他没有最后的批准权。委员会是一个务虚组织机构，一般情况下只负责讨论公司的战略问题，诸如未来发展方向和目标规划，该机构在重大决策上拥有否决权。

如果进行简化，就会发现办公会议具有提议权，行政管理团队拥有批准权，委员会享有否决权。这种权力分割机制有效避免权力的过分集中，而相互制衡的制度还有效提高了内部的运作效率。在过去，华为公司在任命干部、提拔人才上容易陷入一言堂的局面，许多部门内的高层管理者会按照自己的喜好和利益点来提拔干部，结果导致内部管理混乱、效率低下，而且公平也遭到破坏。在实施三权分立之后，原有提拔人才的权力被分割成三个部分，部门内的最高领导虽然可以提名某个心仪的人选，但是必须得到行政管理团队的批准才行，委员会如果觉得提拔的人才不符合公司的用人标准，则可以进行一票否决。这样的选拔模式无疑最大限度降低了内部人才任用的黑幕交易，提高了人才管理的效率，保证了内部的公平。

这是一种非常奇特的合作方式，其目的不仅仅是实现权力的分化，提高工作效率和准确率，还在于让整个管理团队获得安全保障。相比于决策的合理性来说，当独裁管理成为一种趋势时，独裁者可能会带领团队走向自我毁灭的道路。尽管很多企业都需要强有力的领导力来引导，需要一个强势的管理者，但强势并不意味着独裁，领导者应该有自己的立场和想法，但这不是独裁的借口。

除了三权分立之外，华为还推行干部轮换和轮值的制度。2000年6月的一次内部座谈会上，任正非说道："干部轮换有两种，第一种是业务轮换，如研发人员去搞中试、生产、服务，使他真正理解什么叫作商品，那么他才能成为高层资深技术人员；如果没有相关经验，他就不能叫资深。因此，资深两字就控制了他，使他要朝这个方向努力。第二种是岗位轮换，让高级干部的职务发生变动，一是有利于公司管理技巧的传播，形成均衡发展；二是有利于优秀干部快速成长。"

华为在内部实行了CEO轮值制度，内部的8位高层领导轮流在CEO位置上值班半年，这样就可以有效规避某一个高管独揽大权，同时也能平衡好内部的矛盾和势力，可以协调彼此之间的关系，平衡内部的利益。

轮值主席制度的推行，让华为在面对外在风险的时候提升了承受力，有人说过即便有一位高管因某种原因离开了岗位，也会有其他人立即补充上去，整个团队的工作并不会受到什么影响。这也证实了华为内部的用人原则——没有一个人是不可或缺的，任何人下去之后都有其他合适的人选顶上来，都有补充者立即填补空缺。

无论是三权分立，还是轮值主席制度，其本质都是为了借助多方协作与制衡的状态，来实现对权力集中制度的制约，确保权力在管理和经营决策中不会失控。而从合作的角度来说，权力的相互制衡能够有效推动内部各个部门的相互协作，为了确保公司的正常发展，每一个合作者都会做好自己的分内工作，都会认真履行自己的职责。

HUAWEI

SPIRIT

华为精神

第八章

同时在两把雨伞下待着

只有把握好合作的空间、层次、力度，才能够真正在紧张与合作中掌握好灰度，才能让竞争与合作在一个相对安全、和谐的环境中自由切换。

1．灰度理论与兼收并蓄的风格

在自然界中，黑和白是两个比较极端的颜色，而在这两个极端之间就是灰色。灰色是指纯白、纯黑以及两者之间的一系列过渡色。灰色的范围比想象中的要广一些，它的形成和存在非常简单，也非常普遍，比如只要在黑色中加入一点白色，或者在白色中加入一点黑色，最终的颜色都可以称为灰色。科学家做过实验，发现在以黑白为两个端点的中间地带，假设黑色为0，白色是255，那么一共存在256种灰度像素构成的线。如果进一步进行挖掘，就会发现大自然中的大部分物体平均灰度为18%，而且灰度模式往往可以和彩色模式直接进行转换。

正是因为灰度的范围很广阔，所以任正非将灰度模式运用到企业管理当中。所谓的灰度理论就是一种包容性。在任正非看来，这个世界上很少有纯黑或者纯白的东西，最多的就是灰色，灰色才符合管理的本质，才符合管理的需求。正因为如此，所以任正非一直都强调运用灰度理论进行管理，提升管理的空间和弹性。

任正非还认为灰度是管理者应该具备的一项素养："一个领导人重要的素质是方向、节奏。他的水平就是合适的灰度。坚定不移的正确方向来自灰度、妥协与宽容。清晰的方向是在混沌中产生的，是从灰色中脱颖而出，方向是随时间与空间而变的，它常常又会变得不清晰，并不是非白即黑、非此即彼。合理地掌握合适的灰度，是使各种影响发展的要素在一段时间内和谐，这种和谐的过程叫妥协，这种和谐的结果叫灰度。"

任正非说："没有妥协就没有灰度。妥协其实是非常务实、通权达变的丛林智慧，凡是人性丛林里的智者，都懂得在恰当时机接受别人妥协，或向别人提出妥协，毕竟人要生存，靠的是理性而不是意气。"

按照任正非的想法，在处理企业内部的关系时，需要使用灰度理论，比如企业内部的关系往往充斥着相互制衡、相互矛盾的关系，这些关系的两端就是典型的黑和白，激励与约束、集权和放权、继承与创新、扩张与控制、个人利益和团队利益、短期利益与长期利益、奖励与惩罚、遵守与突破、个性与共性，它们都是黑白式的，而企业在处理类似的关系时需要把握好灰度，不要轻易走极端，而应该重点抓主要矛盾，应该运用更加智慧的方式管理好内部的人力资源。

在培养与选拔干部的时候，华为的考核中就包含了灰度理论，即干部的领导力和经营管理能力需要介于黑白之间。比如领导者需要有开放的、妥协的精神，需要制造灰度，需要主动打破非黑即白的传统思想和固定标准，尽可能扩大自己的视野和胸怀，在混沌的发展过程中把握方向。以更加包容的心态来处理内部关系，尤其是处理内部的犯错者，要懂得同时把握对方的缺点和优点，要使用“胡萝卜加大棒”的策略。

在经营管理的过程中，灰度更加重要。任正非一直强调高级管理者在企业经营管理过程中必须紧紧盯住三个关键点：方向、节奏与人均效率。企业需要把握好正确的方向，高级管理者需要把握好经营管理的节奏，不能过快也不能过慢。

比如在战术上要着急，要保证速度；在战略上要保持耐心，可以适当放缓一点，稳定一点。在面对各种问题时，需要保持高度警惕，需要产生紧迫感；而在具体解决问题的时候，需要保持理性和忍耐。在制定发展口号的时候要展示魄力，疾风骤雨一般，要振聋发聩；在执行的时候要低调温和，静水潜流。

在面对大的商业环境时，任正非希望华为同样要以灰度视角来洞察形势，在面对竞争对手时，要看重潜在合作的可能性；在面对环境变化时，要懂得乐观面对困境，同时对可能出现的问题产生紧迫的危机感。

许多人认为任正非有很多极端的管理方式，并不是灰度管理模式。可是任正非的灰度是一种三维灰度，在他的思想演变过程中加入时间轴、空间轴、结构轴，那么就可以看到灰度的存在，才能够理解华为经营管理的核心就是灰度。

比如说时间轴灰度，最典型的例子就是华为从一开始就制定了三分天下的发展战略，之后又忧心忡忡地表示，“华为的红旗到底能打多久？”“下一个倒下的会不会是华为？”随着华为的发展，在时空转变下，任正非又号召华为要勇闯无人区，要斗志昂扬地走在大路上。在决策的过程中，在思想变化的过程中，任正非始终要求决策层保持开放，强调灰色管理和决策，强调妥协的精神。

而在空间轴灰度方面，华为致力于打造一个丰富的管理图景，内部以激发组织活力、营造创新氛围、努力迎合客户需求为驱动，并提出了坐冷板凳、艰苦奋斗的口号。对外强调狼性文化，强调上甘岭的奋斗精神，强调“胜则举杯相庆，败则拼死相救”的合作特质，强调让一线做决策的方针。不仅如此，华为还开始积极转化人力资源体系，将它从过去的权力中心变为服务中心，将人力资源的改革从过去简单的内部提拔变成深入一线战场的实践改革，将过去的行政管理能力变为市场开拓和服务的业务能力。

而所谓的结构轴灰度，就是认知上的灰度。比如任正非曾经提出要砍掉高层的手脚，确保高层只做制定战略这一件事；砍掉中层的屁股，确保中层不会成为枯坐办公室的人，要让他们深入基层去了解基本情况；砍掉基层的头脑，让基层安心做好实践工作，执行上级命令，而不要想着如何制定战略。这就是华为内部典型的结构灰度，其主要价值在于明确各阶层的任务。

此外，任正非的灰度管理并不适用于企业经营管理的所有领域。比如华为的拒绝机会主义，华为人的自我批判问题，华为工作中的压强原则，华为变革过程的一些反对性因素，高绩效的企业文化，华为人对核心价值观的坚守，坚持研发与人力资源的高投入等方面，都不适合灰度管理。华为必须拥有坚定的、明确的、清晰的观点和原则，绝对不能走灰色路线。简单来说，对于那些涉及企业本源层面的问题，并不适合进行灰度管理，其中就包括企业核心价值观、业务管理、流程管理、管理机制、运作原则、工作设计、效率提高等方面的工作。

2．发展速度与稳定性的兼顾

企业在发展的过程中，往往会遭遇一个悖论，那就是发展的速度和发展的稳定性。一般情况下，当企业追求发展速度的时候，往往会以牺牲稳定性作为代价；而当企业追求稳定性的时候，必定会消耗更多的精力来维持内部的运营，这样就会牺牲发展的速度。在很多时候，发展速度与稳定性成为一对难以调和的矛盾，许多企业在经营管理的过程中都会面临这样的难题。而随着新技术的出现，随着竞争越来越激烈，企业在追求速度还是保证稳定性方面的冲突会越来越激烈。

在发展速度与稳定性的问题上，华为始终保持理性的认识。一方面它坚持要求保持强大的前进动力，争取不会在时代发展的潮流下掉队，并且尽快拉开与追赶者的距离；另一方面则尽量保持发展的稳定，确保每一步都沉稳有力，确保每一个环节都经得起时间的考验。

比如随着人工智能的发展，许多企业都想着赶上人工智能这个技术发展周期，可是却忽略了自身的发展层次可能还处于工业化时代和半工业化时代，甚至连半工业化都做不到。

任正非希望企业可以认清现实，同时也对华为提了一个醒，不要盲目寻求快速发展的步伐，应该注重自己的发展状态以及自己所处的发展阶段，应该将自身的能力与现实结合起来考虑，不能过于理想化和冲动。他曾经在内部讲话中谈到了这个话题："我们应该走进新的未来时代，这个时代叫人工智能。首先，我们要强调工业自动化；工业自动化以后，才可能走进信息化；只有信息化后，才能智能化。中国走向信息化，我认为还需要努力。中国的工业现在还没有走完自动化，还有很多工业半自动化都做不到。这个时候，我们提出了类似工业4.0的方案，超前了社会实际，最后会成为'夹心饼干'。所以我们国家要踏踏实实地迈过工业自动化。工业自动化以后，就不需要这么多简单的劳动者了。当前应从提高教育水平，从人的质量入手。"

按照他的说法，华为不可能也不应该直接一步就迈入一个新时代，不可能直接一步就迈入工业4.0的阶段，企业必须先经历2.0、2.5、3.0的发展道路。同时所有华为人必须思考和反省几个非常严肃的问题：华为能否成功掌握信息革命的工具？能否顺利攻克工业革命的堡垒？能否依靠自身落后的资源跳上人工智能这辆快车？任正非认为华为人应该先保持稳定发展的态势，先进入工业自动化的阶段，这是工业信息化的前提，而工业的信息化又会为人工智能做好铺垫。

任正非说过："我认为发展应该是循序渐进的。突跃会产生，但需要很长的酝酿过程。怎么创造价值呢？我们认为是循序渐进。欧洲其实也是1000多年来发展起来的，一点一点进步来的。1000多年前，欧洲是中世纪的黑暗，我们是‘清明上河图’啊。所以进步是慢慢地一点一点完成的。有时候我们看欧洲的昨天，觉得当时怎么这么傻呢？其实这是以今天的眼光在看昨天。我不相信大跃进可能成功，所以我们公司没有大跃进。去年有一阵股票疯涨，我就跟公司很多人说，这种情况是不能持续的。山还是那座山，梁还是那道梁，爹还是那个爹，娘还是那个娘，爹娘都没有变化，你怎么突然成了富二代呢？这种疯狂的情况下你还要投进去，将来一定亏。”

任正非的担忧不是没有道理，像惠普公司就是前车之鉴。惠普公司曾经是最具发展潜力的PC制造商，可是在2000年以后，它就渐渐失去了原有的战略定力，失去了稳定的发展模式，开始进入战略摇摆状态，在这一方面从它最后上任的几位CEO身上就可以窥探一二。

20世纪90年代，普莱特接手了惠普公司，这个时候的他一直没有任何战略性的规划，只是维持过去的发展模式。这本身没有错，但普莱特缺乏远见，错过了新技术的最佳发展时期，要知道这段时间内微软公司开始兴起。由于错过了新技术发展时期，接下来的继任者开始了盲目追求发展的步伐。2000年的时候，惠普从外面聘用了卡莉，结果心浮气躁的她在第二年就花费250亿美元的巨资收购康柏，由于她根本不善经营和管理，10年后她卸任时的惠普虽然是世界上第一大PC制造商，但问题很严重。接着上任的是马克赫德，他意识到了惠普的问题，但急于改革的他选择了错误的改革方向，直接将8%的研发投入降低为3%，这让惠普很快失去了技术优势与核心竞争力。

等到李艾科上台后，他迫不及待地花了110亿美元收购Autonomy

公司，但由于调查管理不善，为这次收购多花了80亿美元。结果一年之后，他直接被董事会免职。接下来是惠特曼的匆匆上任，这时候的惠普想起了要维持稳定，可是经过一连串不靠谱的大动作，惠普已经不可避免地陷入分裂，分成两家公司后的惠普彻底与世界一流企业告别。

华为一直尽量避免落入盲目规划、盲目改造、盲目发展的陷阱。作为一家发展速度很快的公司，华为最需要的是在保持发展速度的同时平衡一下稳定性的问题。2018年3月，华为发布了《人力资源管理纲要2.0》，这个纲要把华为30年来发展的一些最基本的事项基本上列举出来，从8年前的《人力资源管理纲要1.0》开始，华为一直坚持稳步调整的策略，没有急于做出改变。之所以要花费8年时间，就是因为思想的成形本身就需要发酵、需要沉淀、需要争论、需要慢慢思考。而在这个新的纲要中，华为的发展模式基本上可以通过两句话表现出来，第一句话就是“在坚持中优化”，它直接总结了过去的成功模式；第二句话是“在继承中发展”，这与人们印象中的变革、创新、颠覆并不一样。

灰度是一种发展策略，是人们对世界认知的一种形式。吴春波教授说过：“以灰度认知管理世界和未来，并不是简简单单的事，因为我们有很多疑问：黑天鹅什么时候出现？灰犀牛到底在哪里？蝴蝶效应的触发点在哪里？诸如此类的事，在现实中确实是混沌状态。我们对未来的把握，只有一点——不确定性。我认为，认知既包括对过去的认知，也包括对当下的认知和未来的认知。”正因为不确定性，华为必须确保自己的步伐更加稳健一些，必须确保自己不会在发展的道路上完全失控。

在华为2018年四季度工作会议上，任正非针对当前电信行业的发展形势以及华为的发展状况，再次强调了一点，华为的发展不用着急，只需要各部门各司其职，各岗位上的员工做好本职工作，缓慢前进即可。

而在这之前的几个月，任正非与华为工程师进行了一次长谈，其间大家重点谈到了华为对于科学家的定位，基础研究与商业化的关系等问题，取得了很多共识。当时任正非明确做出表态，要求内部研发保持稳步前进的策略，因为高科技不是砸钱就能胜利的工作，技术研发和科技的进步还是应该从根底抓起，需要经过时间的检验和沉淀，华为在发展过程中没有必要盲目求快。正因为如此，任正非一直都希望华为能够保持低调，能够踏踏实实，稳步前进，而不要像扩张时期一样盲目追求过快的发展速度，企业需要发展，但必须和稳定性结合起来，必须确保能够在稳定的前提下发展。

正是因为接二连三地做出强调，所以华为始终保证了正确的发展节奏，在确保发展速度的同时有效平衡了发展的稳定性，从而保障华为发展的顺畅和高效。

3．文化建设与生产经营活动相辅相成

在20世纪90年代中期，华为的发展出现了一些问题，过快的发展速度以及对扩张的盲目自信，使得华为出现了管理上的问题，而更为严峻的是，华为必须开始思考企业的长远发展问题，简单来说，就是可持续发展的问题。

这个问题在当时几乎形成了一股潮流，很多最先冒尖的中国企业在那一时期都开始思考这样的问题：如何才能让一个企业实现长治久安？如何才能够保持基业长青？之所以会产生这些问题，主要原因在于国内的企业一直都试图在技术上追赶西方企业，而资金的充足也让他们在追赶西方企业上有了更多的底气。但是最重要的问题在于，西方的优秀企业往往具有上百年的发展历史，而国内的企业显然还达不到这样的高度，他们开始思考如何才能让企业更长久地生存下去。

任正非早就开始研究这个话题，经过多年的观察，他意识到想让

华为活得更久一些，这需要给华为注入一种特殊的力量，但这种力量究竟是什么，他自己也没有弄清楚。为了找到答案，他去国外进行考察，这时候他发现优秀的企业虽然拥有强大的技术实力，拥有完善的体系，拥有众多的人才，但归根结底在于拥有浓厚的、先进的企业文化，正是这些文化支撑起了公司可持续发展的步伐。

而华为当时并没有什么企业文化，明显“缺乏内部的文化传递系统，缺乏持续的理念依据，缺乏对战略与核心竞争力的思考，缺乏文化的牵引与约束，缺乏更高的精神追求，缺乏良好的文化继承与创新机制，也缺乏统一的文化基因”。正因为存在这样或那样的欠缺，华为的管理一直处于混乱无序的状态，这对生产经营活动造成了严重的影响，尤其是内部文化的缺失直接导致员工在精神层面缺失凝聚力和积极性。

回国之后，任正非开始强调对企业文化的打造，并且强调了要确保生产经营活动和企业文化建设一同推进的要求：“我们要研究推动华为前进的主要动力是什么，怎么使这些动力能长期稳定运行，而又不断自我优化。”大家越来越明白，促使核动力、油动力、煤动力、电动力、沼气动力……一同努力的源，是企业的核心价值观。而核心价值观来源于企业文化，可以说企业文化是确保整个企业获得动力和生命力的根本保障。

在那之后，任正非在华为内部开展了一场以“华为兴亡，我的责任”为主题的管理大讨论，结果发现了管理中的各种问题，这让他忧心忡忡。而正在此时，几位中国人民大学的教授到华为做培训，于是任正非就邀请对方帮助华为进行管理咨询。在互动的过程中，教授们研究的课题从最初的营销体系渐渐扩展到人力资源、生产管理等领域，然后牵引到企业文化的建设上。任正非当时就产生了建设企业文化的想法，可在当时，国内的企业根本就没有建设企业文化的概念，很多企业甚至都不了解企业文化，企业通常只顾着搞生产，只顾着进行技术提升和设备更换，最多也只是对管理体系进行变革，很少有企业家会想到企业文化。

任正非和其他华为人的想法无疑是超前的，由于国内没有任何值得借鉴的企业文化体系，华为人只能依靠自己的理解和感悟慢慢摸索。在管理咨询工作中，华为组织了项目小组开始制定管理大纲，并将这个大纲命名为《华为基本法》，这就是华为企业文化的雏形。

1995年，华为开始谋划《华为基本法》，1998年3月正式审核通过。它的出现很快受到了行业内一致的好评，而华为公司此后也有了一本真正意义上阐述企业文化和价值观的书籍，不仅总结了华为初期的发展经验，也为华为以后的发展提供了重要引导。严格来说，自从《华为基本法》确定之后，华为内部的每一次运作，基本上都体现出了华为企业文化的特质，都受到《华为基本法》内容的引导和约束。

当《华为基本法》确立之后，华为开始加大对企业文化的建设和塑造。为了打造一个个性鲜明且具备强大的品牌影响力的跨国公司，华为多年来一直都在坚持对企业文化塑造的投入，并且坚定地将企业文化建设和生产经营摆在同样重要的位置上。在最近10年，华为的发展成果开始引起全世界的关注，华为公司的生产经营活动也达到了一个新的水平，尤其是在2018年，随着5G时代的开启，华为的经营能力和影响力进一步放大。但无论企业发展到什么层次，无论企业获得了什么成就，华为始终没有忘记对企业文化的建设和完善，没有忘记企业文化的内部传承。

狼性文化、奋斗者文化、创新文化、以客户为中心的服务文化，等等，这些文化往往随着时代的发展而发展，并且在发展的过程中不断进化和完善。可以说，在不同的发展阶段，华为始终保持着物质文明和精神文明同步发展，生产运营与企业文化共同进步的状态。相比国内企业只重视生产经营，而不注重企业文化的打造，华为的发展之路更为均衡，而且在发展过程中，可以有效借助企业文化来约束整个团队的发展与协作，可以有效引导内部形成更为高效的工作体系。

4. 打造平衡与和谐的行业生态圈

2014年，任正非在“后备干部项目管理与经营短训项目”座谈会上提到了一个重要的观点：华为公司在争抢大数据流量机会点时，必须合理规划自己的行动，最好的结果就是占据1/3左右的市场份额，而剩下的市场应该留给竞争对手去开发。这个表态引起了热烈的讨论，早在创业初期，任正非就曾豪迈地表示未来的通信市场是三分天下，华为位列其中，难道任正非就真的甘愿瓜分1/3的市场吗？

许多人都知道华为是世界上顶级的公司之一，它完全有能力在通信领域占据很重要的位置，甚至想方设法进行行业垄断，而这也是许多公司追求的一个重要目标，如果给其他公司这样的机会，也许大多数公司都愿意成为所在行业内的托拉斯。在传统工业时代，垄断企业的确拥有强大的生存能力和绝对的竞争优势，在几十年甚至上百年时间内，制药行业没有发生翻天覆地的变化，只要产业格局仍旧维持现状，那么这些托拉斯完全可以长久生存下去。可是随着时代的发展，企业之间的联系越来越紧密，市场制度也越来越完善，整个市场形成了一个比较健康合理的生态圈，无论是位于生态链顶端的企业，还是位于生态链低端的企业，都是维持整个链条正常运行不可或缺的组成部分。

想要更加形象地理解这一点，可以看一看自然界的生物链。在非洲草原上，狮子、豹子和鬣狗都是顶级的捕猎者，虽然狮子名义上最强悍，但是狮子不可能统治这个草原，如果豹子和鬣狗消失，那么狮子也会因为猎物充足而丧失斗志，并且慢慢失去运动能力而走向灭亡。构建一个健康的、可循环的生态圈，往往需要激烈的竞争，需要各方势力维持一个最基本的平衡，一旦这个平衡系统被打破，那么整个生态圈很快将会消失。

对于这一点，任正非看得很清楚，所以在追求市场扩张的时候，他并没有一味要求保持垄断地位，而是非常明智地给其他竞争对手留下充足的发展空间："当我们抢不到大数据流量的机会点时，就会被边缘化、死亡；当我们全部占领大数据流量机会点时，也会惰怠，也会死亡。"

任正非提倡整个市场的"分享制"。在他看来，信息技术的快速发展往往超过了企业的成长速度，当整个市场变得更大时，对任何一家企业来说都是巨大的机遇，而没有任何一家能够独占一切，用他的话来说就是"苹果大得皮都不知如何削了"。所以与其盲目扩张和垄断，还不如保持开放和分享的姿态，和客户、供应商进行相互分享，和世界上最先进、最伟大的同行一起制定新的标准和规范，确保市场生态圈的平衡。

其实，对于现代市场来说，常见的理想模式就是双巨头模式，即市场或者行业中存在两个势均力敌的巨头企业，它们占据了绝大部分的市场份额，而剩余的份额被一些中小型企业瓜分。比如在快餐业，存在麦当劳和肯德基两大巨头；在碳酸饮料界，存在可口可乐和百事可乐两大巨头的竞争；在国产乳业，最强大的就是伊利和蒙牛；在国内教育行业中，则有新东方和好未来之争。

双巨头再加上其他相对弱势竞争者的参与，往往形成了比较稳定和谐的市场生态圈。在这个生态圈内，各方势力相互掣肘、相互影响，在必要的时候会形成某种协议，避免出现不合理的竞争关系。

在电信行业，并没有特别明显的双巨头模式，但任正非提出的占据市场份额1/3的想法还是比较中肯合理的。不仅如此，相比于其他公司的盲目扩张，华为有着明确的定位，它的扩张有一个清晰的边界，那就是上不碰应用，下不碰数据：华为公司不会涉及应用软件的开发，不会像微软公司和苹果公司那样；此外，它也不会像互联网公司那样拿着数据变现，华为只负责传输数据。

任正非说过："就像西瓜切成八块，我只要一块。我跟日本的公司说，我绝不会去搞物理的，我就是搞数学逻辑。这样日本的公司就放心了，我不会泄露它们的材料技术，譬如永远不会搞氮化镓。我跟微软也说了，我永远不会搞搜索，微软也就放心了。在国际分工中，我们只做一点点事，以后也只能做一点点事。"

美国微软公司曾经遭遇了严重的反垄断调查，许多欧洲公司都站到微软公司的对立面进行攻击，当时总裁鲍尔默亲飞到深圳华为总部拜访任正非，他明确请求和希望华为不要参与到针对微软的反垄断阵营中。当时任正非并没有正面给出答案，他告诉对方反垄断并不是华为的职责，对华为而言，自己根本没有必要参与到应用软件的竞争中去。

任正非事后在公司内部给出了自己的意见："我们为什么不能同时在两把伞下待着呢？左手举着微软的伞，右手举着思科的伞，你卖高价，我低一点，也赚了大钱。我打倒了你，太阳晒得我满身大汗，汗水又浇肥了我脚下的小草，小草以低价侵占我的地盘……我才不吃力不讨好呢！"

许多企业、企业家只顾着自身的发展，只会将注意力集中在自己身上，却往往忽略了一个问题，那就是任何身处行业中的企业都受到内在发展规律的制约和影响，任何一个企业在行业生态圈中都起到重要作用。如果没有大局观，没有宽广的视野，没有一个更为理性的平衡思维，那么就容易陷入盲目发展的困境。

最近几年，华为的营业额、利润、市场占有率虽然都在稳步上升，但已经脱离了过去那种飞跃式的进步，一方面是由于竞争过于激烈，另一方面则是华为有意降低扩张速度，以确保自身发展和市场环境的平衡，而这种平衡确保华为可以在行业内获得更为持久的领先优势和生存空间。

5. 把握好竞争与合作的关系

竞争与合作是商业中非常重要的两个概念和定义，两者构成了商业社会的基本模式，不过许多人对于竞争与合作并不了解，多数企业家对竞争对手以及合作对象的认知可能还比较模糊，也比较保守，认为“跟自己抢单的都是竞争对手”，“买自己东西的就是客户”，认为“和自己的市场存在重叠和冲突的就是对手”，“在某些方面给我带来利益的就是合作对象”，这种层次的认知过于短浅，只会破坏自身的发展规划，影响自身长远的发展。

通常情况下，人们似乎更愿意将竞争与合作当成两个完全独立的概念来分析，他们更喜欢将两者分开来看待：一个企业如果选择了竞争模式，那么就没有任何理由和竞争对手进行合作。同样，一个企业如果选择了合作模式，那么就会失去与对方竞争的机会。在人们眼中，两者是完全对立且不相兼容的。这种想法是传统商业时代的主流。但是在现代商业环境和商业运作模式下，竞争与合作并不完全对立，两者之间的关系并非不相容，反而有着千丝万缕的联系，这种联系的主要形式就是竞争与合作的有机结合，即竞争中有合作，合作中又存在竞争因素。

任正非认为：“既竞争，又合作，是21世纪的潮流，竞争迫使所有人不停地创新，而合作使创新更加快速有效。我们不仅与国内竞争对手之间互相学习，而且与朗讯、摩托罗拉、IBM等十几家公司在未来芯片设计中结成了合作伙伴关系，为构建未来为客户服务的解决方案共同努力。”

早在10多年前，华为就直接把竞争对手称为“友商”，并把“与友商共同发展，既是竞争对手，也是合作伙伴，共同创造良好的生存空间，共享价值链的利益”。作为公司的战略之一。对于华为来说，并没有所谓纯粹的竞争对手或者敌人，并没有谁真正和自己立场对立，诸如思科公司这样的强大对手，华为也一直希望和对方进行合作，尽管对方一直都没有接纳华为，甚至想方设法阻挠华为进军美国市场。

相比于其他公司对合作者与竞争者的清晰划分，华为更加理性，也更具战略目光。从管理角度而言，竞争对手是企业实现战略目标过程中的障碍，为了实现自身的战略目标，就需要及时清除潜在的各种障碍，但是这种清除并不意味着敌对，合作有时候也是消除障碍的方法。而华为就正好具备这样高层次的认知，华为人不会轻易将竞争对手定位为永远的敌人，或者永远需要击败的对象，在针对对手的同时，他们也能够发现对手身上的优势，能够发现对手可能会给自己带来的帮助。

任正非曾经提出了合作主体的概念。在他看来，一个健康的生态系统中没有任何价值链，没有所谓的供应商，也没有什么主体和客体之分。所有的企业都是主体，所有的主体都处于一个良性的合作共生的状态。

之前的很长一段时间内，华为在强调战略、强调产业逻辑、强调企业的盈利模式时，都或多或少地产生了主体意识和客体意识，这种主客观念无疑会分化彼此之间的联结，会破坏不同企业之间、不同合作商之间原有的默契与产业联系。如果一家公司重视强调主体的发展，强调主体对客体的索取，就容易导致自己在全球化市场上被他人孤立，就容易在激烈的竞争中惨遭淘汰。对华为来说，想要适应多变的国际市场环境，想要迎合时代发展的潮流，重要的一点就是消除主体和客体的概念，要坚信所有的人、所有的企业都是主体，这是拓展商业和拓展市场的一个基本逻辑。“主体”概念的提出无疑为竞争与合作之间的关系做了一个清晰的判断，也意味着华为始终坚持在竞争与合作中谋求一个更加理性、科学的平衡，在竞争与合作中选择一个开放、妥协的灰色路线。

虽然华为慢慢走到行业领头羊的位置，但它并没有因此而看低竞争对手，并没有因此而变得孤高自傲。为了确保在竞争与合作中保持平衡，任正非认为华为的发展必须设置一顶“大帽子”，这个大帽子就是合作共赢，“要以高屋建瓴的方式建立世界的平衡和合作共赢的格局”。按照他的话来说：“领先者，可以只顾自己；领导者就要顾及他人。这么多年来，我们都想领导行业，但我们还做不了领导者。

那我们就要实现战略领先，利他和合作共赢，与西方的价值诉求是一致的，公共关系一定要强调和平共处。”

从某种意义上来说，和平共处的想法将会成为华为未来发展规划中重要的原则，将会成为决定自己与竞争者之间合作关系的重要因素。不过在谋求竞争与合作的平衡关系时，华为一直以来都在强调合作的持续性。对于原本对立的竞争对手来说，合作并不是为了应付眼前的事情，必须着眼于长久，必须立足于未来，如果过分看重当前的利益，过分重视眼前的细枝末节而忽略未来的发展，那么合作体系就会被打破，双方将会很快回归到对立状态。

不仅如此，华为还意识到了一个问题，那就是竞争与合作的平衡并不是简单的意愿，而要依据现实来做出决断，竞争双方需要针对特定的领域进行合作，因此彼此都要站在对方的立场上想问题，主动为对方考虑。

华为人认为：“平台和组件之间的耦合，要松耦合，不要强耦合。Wintel为什么失败了？就是微软和英特尔强耦合，我进步，你也得进步，不同时进步，一个落后了，另一个就不同步，会散伙。这就是强耦合的问题。夫妻也是一样，互相要给一点空间，有点距离，会多一些恩爱。松耦合就是让不同组件之间的进步，相互不强关联。否则我们喊‘齐步走’，为了这个步伐对齐就浪费了机会。”只有把握好合作的空间、层次、力度，才能够真正在紧张与合作中掌握好灰度，才能让竞争与合作在一个相对安全、和谐的环境中自由切换。

HUAWEI

SPIRIT

华 为 精 神

第九章

一杯咖啡吸收宇宙能量

"现在这杯'咖啡'里，以你们为核心，团结世界所有同方向的科学家，淡化工卡文化。如果那些科学家做出了跟你们同样的贡献，那么就要给他们同样的待遇。"

1．积极主动学习，提升能力值

任正非曾经提出了“一杯咖啡吸收宇宙能量”的观点：“现在这杯‘咖啡’里，以你们为核心，团结世界所有同方向的科学家，淡化工卡文化。如果那些科学家做出了跟你们同样的贡献，那么就要给他们同样的待遇。我们可以试试人才‘众筹’，就是特优秀人才快进、快出，不扣住人家一生。不求他们归我们所有，不限制他们的人身自由和学术自由，不占有他们的论文、专利……只求跟他们合作。我听说，有的部门与美国大学教授合作，还提出很多附加条件，不要这样做。我们去支持大学里的教授，喝杯咖啡沟通沟通，听听他的讲话，理解他这篇文章的意义，就能得到很大启发。你们晚上没有事，也可以看看生物等这些跨学科书籍。虽然不能去创造发明，但增强对其他学科的理解，当其他学科的专家跟你聊天时，就能感知他的学问的价值用途。

“虽然有的教授本人不会到我们公司工作，但是他下面有很多博士可以吸纳进来。这些博士理解教授的科学研究，而且跟老师有技术往来，也把我们与教授的纽带连接起来了。我们出现了成功，注明是来自这个老师的成功，也可以分享成功。名和利双方各只收获一条，两者不矛盾，不就成为合作伙伴了吗？”

任正非认为学习是华为人的日常工作之一，为了引导员工学习，他平时也热爱学习和阅读，各种类型的书籍和知识都会去涉猎，经济、政治、历史、心理学、哲学、法律、社会、自然科学、人文科学，他都会抽出一定时间阅读相关书籍。不仅如此，在出差的时候，他也总会随身携带几本书，然后在车上或者飞机上，利用这段旅途的时间进行阅读。尽管工作强度很大，他仍旧坚持每周阅读一两本，每天都要看一会儿杂志和新闻。不仅自己看书，每当看到一些有价值的内容，他还会推荐给公司的其他高管。相比于平时的管理，他更加期待着将公司的事业上升到哲学、历史的高度进行分析。他非常关注哲学、历史、社会学、心理学、国际法律秩序以及权力分配学之类的知识，并且认为这些知识可以有效帮助华为人更好地掌握解决发展问题的方法，能够帮助华为公司找到前进的方向。

除了学习，他还非常善于请教，无论对方是谁，只要有助于为自己答疑解惑，只要有助于自己解决创业中的问题，他就会大胆求教。为了更好地管理公司，任正非曾专门从中国人民大学、浙江大学聘请几位知名教授充当管理顾问，顾问的办公室和他的办公室紧紧相挨着，而且他只要一有时间，就和教授们在一起讨论管理问题，请教一些体系建设、文化建设的问题。

任正非还号召全体华为人向西方企业家学习，学习他们先进的技术和管理经验，学习他们的企业文化和价值观。华为的高级管理顾问吴春波教授说过：“企业的生存之道在何方？在先行者那里。西方企业家做企业已经有几百年的历史，他们最先领悟了企业生存之道，他们比我们更深刻地领悟了企业经营管理与市场经济的本质性东西。从整体意义上来看，西方企业家在经营管理企业的过程中，比我们更实事求是，更务实，更理智。比起我们盲目创新，智慧地、虚心地和系统地学习和继承他人已有的东西，是一条捷径，更是一条必经之路。”

这么多年来，华为一直积极学习和吸收外国企业的先进理念，学习了英国的制度、美国的创新、日本的精益、德国的规范，华为将其作为一种竞争对手管理能力。从创业初期开始，华为一直都在积极关注并构建企业竞争能力，有意打造出一个循环往复、不断优化的竞争情报驱动系统。在这个情报驱动系统中，华为对竞争对手进行了深入锁定，将对方的优缺点都牢牢把握在手中。

管理学上有一个专有名词叫作“定标比超”，是指将企业经营的各项指标与竞争对手或者其他企业对照的一个过程，企业可以通过这种对比来发现自己的优势和劣势，并且以借鉴和学习的方式提升进步的空间。华为在发展的过程中，在各个阶段都找到了很好的老师，IBM、爱立信、朗讯公司、贝尔实验室、思科、三星、苹果以及vivo，这些公司都给华为带来了很好的指引，它们是华为在各个发展阶段的老师。

当然，无论是自主学习还是学习他人的先进经验和先进技术，最根本的还是需要保持强大的思考力。学习并不是死读书，并不是简单的复制和模仿，华为人始终坚信学习和思考应该相辅相成、密不可分，在学习的过程中应该对知识进行分析和思考，了解其中的深意，去粗取精、去伪存真，避免被书本上的经验主义和错误定律误导。如果只是自主思考，而不注重学习，同样会导致个人陷入主观思维的陷阱中，从而导致个人思维的失控。

思考的一个重要目的就是积极督促自己必须在思想上做到与时俱进，避免落后于时代的发展。为了警示自身的发展，华为要求内部所有人以柯达公司作为反面例子。作为曾经的胶片市场的巨无霸，柯达公司几乎垄断了全球的胶片市场，可是随着数码技术的发展，到了2000年，胶片市场开始大幅度萎缩，而在时代变革的呼声下，柯达的反应能力却异常缓慢，根本没有表现出变革应该有的力度。

很多人都对柯达内部的大企业病感到不可思议，但柯达其实也有自己的无奈，因为柯达内部的高管和专家大都是化学家出身，对于数码技术并不了解，同时排斥这种新技术，不愿意主动学习这项技术，人才技能的保守和停滞直接拖垮了改革计划。其实早在1975年，柯达的一位工程师就做出了世界上第一台数码相机的样机，但是由于当时的技术不成熟，只有一万像素左右，所以高管在见到样机后，非常不屑地说："这个玩意儿很可爱，但你不要跟别人提起它。"正是因为这份保守和固执，柯达错过了引领数码相机时代的最佳机会。

华为不希望自己犯下类似的错误，所以在发展的过程中，华为人一直积极坚持与时俱进，积极提升自己的思想层次，提升自己的战略眼光，同时按照时代的进步和发展来设定不同的发展目标。

2．重视人才，尊重人才，管理人才

人们如果去参观位于深圳龙岗区的华为坂田基地，就会发现这块基地内的道路名字非常有趣，里面所有道路都是以中外著名科学家的名字命名的，如贝尔路、张衡路、冲之路、稼先路、居里夫人路，等等。以科学家命名道路的点子是任正非想的，他认为华为应该重视知识、重视科技、重视人才，而这种重视不能停留在口号上，而应该融入日常工作的方方面面。

从本质上来说，管理就是对人才的管理。作为管理中最重要的要素，人才一直都是企业发展中最重要的职员，人才管理是所有管理项目中最重要的工作。而在人才管理方面，华为一直坚持“吸收、保护和尊重”的原则，从最初的校园万人大招聘，华为就积极引进外部人才，储备大量的人才作为后备力量，此举甚至被人认为是垄断人才市场的做法。

随着自身的发展，华为对于人才的需求和重视与日俱增，最近几年开始强调打造一个“倒金字塔”的人才模型。为了实现内部工作的智能化和自动化，华为正在逐步收紧下边的口子，争取吸收更多优秀的人才，打造一支尖端的精英队伍，将更多有能力的人才引进华为。这是人才管理的一种形式，而这个形式的核心就是尊重人才、重用人才。

而在尊重人才方面，任正非做得最有力度的一件事就是价值回报，对于那些能够做出贡献的员工，任正非从来不吝惜给予高额的物质回报。这一点从早期的股权分配制度上就可以看出来。多年来，华为的工资一直都是业内领先的。为了激发员工的创造能力，为了确保员工对自己的工作、对自己的公司更加忠诚，除了制度约束和文化引导，最简单的方式就是用物质条件激励对方。

任正非签发过一份《荣耀品牌手机单台提成奖金方案》，其中有一条很重要，那就是放开了奖金制度的阶层限制，一个刚刚入职仅为13级的员工只要工作能力出众，业绩能力突出，完全可以领走百万元的奖金，得到高管一样的待遇。当很多人都在为这个方案感到惊讶时，任正非轻描淡写的一句话——“钱给多了，不是人才也变成了人才”再次引爆了整个公司，也引爆了整个网络。对任正非来说，物质奖励始终是最直接有效的激励方式，毕竟绝大多数人工作就是为了挣钱养家，就是为了让自己得到更高的报酬。

尊重人才、任用人才并不仅仅依靠钱来解决问题，更重要的是相信人才，并且愿意放权给那些有能力的人，愿意给他们提供成功的保障和发展平台。在任用人才方面，任正非非常注重技巧，尽量将人才安排到最合适的岗位上，并且通过岗位轮换制度来提升员工的工作能力和复合型才能。不仅如此，而且任正非对于人才的关心和信任超出了常规的信任水准。比如，在李一男进入华为之后，惜才的任正非给予了他很大的权力，不仅让他独自负责重要的项目，而且还在资金紧缺的时候，为他的投资项目抽调20万元的资金。这笔钱对初创期的华为来说无异于一笔巨款，因此多数人都提出了反对，但任正非力排众议，选择相信李一男。最终的结果是李一男的项目投资失败，但任正非毫无怨言，给予最大的包容。

在面对余承东时也是一样。余承东是华为内部的一个“异类”，他经常表现得张扬而高调，总是会说出一些让人觉得有些不可思议的话。这些发言或多或少都对华为产生了一些消极影响，因此华为高层曾经给他下达了封口令，让他管好自己的嘴巴，但任正非并不这么看，他觉得余承东的行为不过是个性使然。

2018年7月26日，华为给Polar码（5G码）之父土耳其毕尔肯大学尔达尔·阿里坎颁奖，这一举动赢得了世界的关注，更重要的是它显示出了华为对科学技术、对人才的尊重，显示出了华为对高科技领域的强烈关注。

比尔·盖茨说过：“如果把我们公司20个顶尖人才挖走，那么我告诉你，微软会变成一个无足轻重的公司。”对华为来说，如何留住人才同样非常重要。尽管华为拥有世界上最完善的人才更替和培养计划，但当华为的核心成员流失之后，同样会对正常运营产生很大的影响，因此华为对于人才的重视程度非常高。

随着人工智能的发展，华为提出了进一步敞开人才喇叭口的口号，鼓励吸收各专业的杂家，鼓励进入各个体系吸收不同领域的人才。华为人认为公司可以招聘不同类型的人才进不同的部门，这样就可以形成思维碰撞，可以产生新的理念和方法。对此，任正非曾做了一个形象的比喻：“人工智能煮饭的时候，就像东北那个乱炖，管他什么都炖进去，不知道谁能炖出味道来。瞄准未来，生物学的萝卜拿来炖一下，牙医的萝卜拿来炖一下，还有好多学科的萝卜，只要他们愿意转行，他们带来的思维方式都会使我们的人工智能更成熟。”

这种包罗万象的包容性体现为对一些另类人才的尊重。任正非说过，像乔布斯这样的人才在中国可能会被埋没，因为乔布斯的脾气很差，早年还吸过毒，这样的人是难以获得社会认同的，人们很容易忽略他身上的创造性和执着。所以任正非主张尊重那些不走寻常路的人，要懂得利用好他们的才能，要给予他们发挥才能的机会和平台，同时尊重他们对于才能的自由掌控。

华为非常注意跨越专业边界选择不同的人才。华为公司始终认为未来世界的创新点将越来越多地出现在那些边缘科学领域，培养跨界的人才成为华为工作的一个重点，公司会尽可能打破专业的限制，打破岗位的界限，确保人才可以在内部形成一股流动的能量。然后借助跨岗位轮换制度，培养大批具备多功能和面向未来的“之”字形人才。

“之”字形是一种折线式的模型，其主要内容就是安排员工脱离自己的岗位，去其他岗位上进行锻炼，接触新的业务，拓展新的视野，形成全局性思维。一般来说，公司或者团队内部的人才成长模式都是直上直下的，如果一个人在某个管理体系中始终按照一条单线成长，那么视野和思维就会局限在这个工作岗位或者该部门内，不仅会变得保守、僵化，还会出现本位主义和片面的思想。为了避免人才流动陷入僵局，任正非要求华为公司采取“之”字形的人才培养方式，确保员工在其他部门和岗位上获得锻炼，这样就能够培养员工全局性思维，能够保证企业内部端到端的全流程控制。人才流动，避免了阶级固化和内部的分裂，同时也让员工获得了更为丰富的工作经验。

不仅如此，华为公司还一直都坚持保持金字塔形状的基本架构，尽量拉伸和炸开金字塔的顶端，制造一个蜂窝状的形态；异化金字塔的内部结构，向外差异化对标，打开组织边界。任正非认为，人力资源政策应该有助于改良人才金字塔结构。主要做法就是为人才营造良好的环境和制度，让新加入的人才参与公司区部建设，尽可能保障他们尽快适应华为的工作文化。另外，改变过去人力资源模块标准化的模式，确保各个模块保持异化，与市场的各个方面对标。华为机器设备和新产品对标市场上的同类产品。而高级技工和工程师往往只要对标高质量，只要对标市场上的高工资水平就行。

需要注意的是，华为尤其注重对高级人才的培养，要求他们从客户需求转变为社会结构导向，超越客户前进。这是华为未来导向的一种形式，也是战略规划的一个重要内容。

3. 自我反省和自我批判

2016年8月，华为的一位海归程序员对华为公司存在的一些问题提出了质疑和批判，在内部刊物上，他刊登了一篇名为《华为到该炸掉研发金字塔的时候了》的文章，直接从组织、流程、环境和工具四个方面对华为公司存在的研发问题进行猛烈批判。这篇文章很快引起了任正非的关注，在看完文章以及内部的评论之后，他直接签发了一封总裁办邮件。在邮件中，他说了这样两句话："在技术工作上的客气是毒品，直面的批评、争论才是良药。"以此对这篇文章表示支持和声援，并且将文章和相关讨论告知整个公司。

任正非表态并呼吁"炸掉研发金字塔"的背后，实际上是对华为发展的深度担忧，在多年的管理经验中，他意识到了华为的"大企业病"。随着华为公司的不断强大，随着华为公司挣到的钱越来越多，许多领导和干部出现了膨胀心理，认为华为公司在行业内没有对手，认为自己的业绩能力突出，是华为公司的大功臣，认为自己比其他同事、同行都要强。这样的情况在研发部门尤为严重。作为华为公司最大的部门，研发人员几乎占据整个公司一半人数，这种天然的优势无疑会让整个部门失去自控力，会让整个部门产生莫名其妙的优越感，这种优越感很有可能将华为带偏。

任正非对于这一类现象非常警觉，他觉得如果一个企业、一个组织总是拿过去的荣耀说事，总是背着成功与辉煌到处炫耀，那么这样的企业往往离死亡不远了。他在会议上多次强调“华为是一家没有历史的公司”，没有历史就意味着一切都要往前看，意味着一切都要以空杯心态面对，意味着要快速摆脱疲态和病态的工作心理，激活公司的活力，确保可持续发展战略的顺利实施。所以他直接借助这样的势头在研发部门内部发起了自我批判和自我变革的运动，希望扼杀这股不正之风。

类似的自我批判行动在华为内部已经多次展开。比如华为公司每年都会投入大量的人力、物力和资金进行研发，但是很多时候，一些研发人员缺乏市场化、工程化意识，在研发产品过程中只注重实验室性能，将实验室性能当成唯一标准，而忽视了技术产品的市场价值以及推广问题，这样就可能导致他们滥用研发资金，进行一些无意义、低价值、低产出的研发工作，造成严重的浪费。为此，华为曾多次开展“反幼稚”的自我批判活动，对那些不合理的研发工作提出批判，让那些研发人员自主反省、自我批判。

每次开展反幼稚活动时，一些研发人员会主动上台“领奖”，而获得的“奖品”就是他们在研发工作当中产生的废品。这样的活动往往笑料百出，看起来更像是一场娱乐活动，但是对所有华为人来说却是一个严肃的活动，每一个参与者都会认真对待。其中余承东在当年也得过这类奖，当时31岁的他在华为已经工作了7年时间，但还是无法避免获得一块自己研发错了的电路板。

对于研发部的情况，任正非一直以来都非常关注，认为研发部的人往往具有散漫、自由、耽于幻想、不安分、喜欢浅尝辄止的创新等缺点，而且缺乏耐心和恒心，他们更希望工作能有一些新意，更希望给自己添加一些新鲜的感觉，枯燥乏味的研发工作会让他们感到不适，经常会产生工作审美疲劳和职业倦怠感。正因为如此，他们更喜欢尝试新东西。这原本是一件好事，可是过于盲目和冲动的研发会导致产品脱离实际、脱离市场，阻碍公司的发展。所以，他觉得只有在工作中实行自我反省、自我批判，才能够不断纠正错误，并且不断强化自身的能力。

如果说批评是一种止血行为，目的是避免内部出现一些不合理的行为，那么自我批评则不仅仅具有止血功能，更是一种预防出血的好方法。通过自我批判，华为人找到了一种能够有效避免自我迷失的方式。华为曾对自己的发展历程做了一个精确的描述："在摸着石头过河中探索，在自我批判中进步，在自我优化中成长，在顶层设计中卓越。"其中，自我批判是华为公司的内在基因和特质，基本上伴随着公司的成长而存在；与此同时，它也是推动华为公司不断壮大和发展，推动华为公司不断实现自我完善和提升的驱动力。

多年来，华为公司始终坚持以客户为中心，而坚持以客户为中心的大敌就是坚持以自我为中心。为了实现以客户为中心的文化价值，必须消除自大、傲慢、自以为是、以自我为中心等不良习气，必须进行自我反省和自我批评，规范自己的行为，端正自己的态度。

不仅如此，华为还一直积极主动地提倡艰苦奋斗的作风，这同样需要强大的自觉和自制力。人是有惰性的，组织也是有惰性的。不管是个人在工作中的惰性，还是组织在运作当中的惰性，其出现的一个重要原因，就是自我批判的忽视，就是自我批判能力的缺失。

在2013年的市场大会“优秀小国表彰会”上，任正非给余承东、张平安、徐文伟等人颁发了一个特殊的奖项——“从零起飞奖”。该奖项主要针对那些在2012年努力奋斗，但结果不尽如人意的管理者，公司宣布这些人在2012年的奖金为零。其实，严格来说，这些人在工作中还是做出了很大的贡献的，但是因为成绩不能让公司满意，没有达到最初的期望，就要自我反省、自我批判、自我惩罚。此举就是为了鞭策相关负责人对自己的工作认真负责，争取实现公司制定的目标。

尽管很多人对于华为的自我批判文化非常不适应，但它确实构成了华为发展的主要保障，而这种保障具有三个维度。

历史的维度：在很长一段时间内，华为都是一个不注重历史的公司，这家成立时间不长的公司似乎并不喜欢对过去有更多的探讨。但华为的发展离不开对历史的回顾和分析，离不开人们对历史的借鉴。如果忽略了历史，那么华为的发展可能就会陷入盲目的境地。如果不注重对历史进行回顾，不能用批判的眼光看待历史，就容易丧失发展的正确方向。

现实的维度：指的是基于对公司现实状况的运作状态的一种自我

批判。华为人需要对公司成长发展现状进行仔细观察与深入解析，从中找出组织上的问题与人员安排管理当中的漏洞。然后借助批判和自我批判的形式，对相关问题着手进行解决。

未来的纬度：有关未来维度的自我批判主要是指人们以未来审视现实，以未来牵引现实，在现有的基础上审视未来，洞察未来的发展和变化趋势，站在未来的角度上批判当前，批判当前制订的计划。这样做可以有效削弱不确定性因素的影响，同时尽早建立切实有效的规则，尤其是未来在进入“无人区”后，华为更加需要通过建立未来维度的自我批判来规避潜在的风险。

需要注意的是，在进行自我批判的时候，最好能够将这三个维度结合起来考虑，只有将三个维度综合起来，才能真正做到全方位的自我批判。

4. 增加投入，打造知识经济

如今，有很多人都会提到“知识经济”的概念，知识经济通俗来说就是指将知识变现的能力，这是以知识为前提的一种经济结构。如果解释得更加正式且详细一些，那么就是各方势力以知识为基础，以知识的实际应用来推动社会和经济发展的能力，它是一种寻求人的解放和自由，追求幸福、鼓动创造的优秀模式，通常都建立在信息产业和文化产业的基础上。

彼得·德鲁克早在20个世纪60年代末就提出了“知识社会”和“知识经济”的概念，他认为知识已经成为社会上最核心的资源。而作家托夫勒也在《力量转移》一书中直接谈到了三种基本的力量：暴力、金钱以及知识，其中知识成为最具竞争力且质量最高的力量。

在谈到人工智能的发展时，任正非非常警醒地意识到了发展中的问题：“当人类社会适应人工智能的时候，西方国家和中国这样的发展中国家没有工业成本差距，这是一个新时代的改变。我们如果要赶上新时代的改变，首先要改变教育结构，一定要孩子们都有文化、有知识，懂专业、会操作。这个时代已经不是凭人口红利就能取胜的时代，这个时代是后技术时代，人工智能最后的突破，两极分化更厉害，资本是雇用机器人，不再雇用真人。如果不高度重视基础教育，特别是农村孩子，就很难在信息时代就业。如果这个时代西方重新恢复竞争，重新恢复制造雄狮，那我们的制造是危险的。

“我们这个时代是知识经济时代，它的核心就是人类创造财富的方式和致富的方式发生了根本的改变。随着时代的进步，特别是由于信息网络给人带来的观念上的变化，使人的创造力得到极大的解放。在这种情况下，创造财富的方式主要是由知识、由管理产生的，也就是说人的因素是第一位的。这是企业要研究的问题。”

据说，任正非在制定《华为基本法》的时候，一直都在强调“人力资本增值的目标优先于财务资本增值的目标”，他觉得这是一个企业想要壮大和发展必须拥有的发展理念之一。当时他的话引发了一些争议，许多人都表示在当时的情况下，也许华为公司更缺钱。也有一些人觉得华为公司是一家营利机构，任何企业在发展过程中都应该以追求经济效益为先。而且在过去很长一段时间内，资本都是比较稀缺的资源，对于企业的发展拥有很大的支配力，因此他们觉得财务资本增值目标是一个最重要的目标。但是在这件事情上，任正非独裁了一回，他坚持要求将这个观点和理念写进《华为基本法》中，并且要让每一个人严格按照这个理念搞研发、搞生产、搞营销。

事实证明了任正非的战略眼光的确很独到，他已经感受到了20世纪90年代初的有关“科技生产力”的思维潮流，人才是第一生产要素的观点深入人心，他绝对不会偏离这个基本的发展理念，也不允许华为错过这个基本理念。在《华为的红旗到底能打多久》一文中，他明确强调：“知识经济时代，企业生存和发展的方式发生了根本的变化，过去是资本雇佣劳动，资本在价值创造要素中占有支配地位。而知识经济时代是知识雇佣资本。知识产权和技术诀窍的价值和支配力超过了资本，资本只有依附于知识，才能保值和增值。”

有关资本和知识之间的关联性，华为最有发言权。作为一家民营企业，华为的成长过程非常坎坷，而这种坎坷很大程度可以归结为知识经济的薄弱，因此华为人不得不付出更多的努力和更大的代价。任正非在谈到内部创新和专利时说：“你们只看到贼吃肉，没看到贼挨打，这些年华为给西方交了多少专利费！我们曾经没有专利，就只能向人家妥协，就要交钱，后面我们也在成长（申请专利），不断减少支付专利费，现在华为每年专利费净支出是3亿美元。”

正是因为过去不堪的经历，华为一直都在努力提升知识经济的比重，争取摆脱外国企业的牵制和压榨，希望凭借着强大的知识经济真正成长为具有重大影响力的企业。如果对最近30年的商业竞争进行分析，就会发现企业之间的对决往往都集中在知识和技术中，高通与诺基亚、三星与苹果、摩托罗拉与微软、微软与苹果、苹果与谷歌，它们之间无一例外都是在争夺技术地位，无一例外都是对知识经济优势的竞争。现如今，华为也正式加入到这场对决当中，它的对手从朗讯、北电、西门子、诺基亚，变成了爱立信、思科、三星、苹果，以及其他优秀的企业。

华为公司中有人做过一项调查，早在2004年，华为公司申请的专利数量就突破了1000件；2012年，华为累计获得授权的中国专利达到了2.1万多件，在那之后继续呈现阶梯状增长。到了2014年6月，华为公司在中国市场以及海外市场上累计申请专利次数高达6.5万件。2019年1月10日，国家知识产权局在北京举办2019年第一季度例行新闻发布会，集中发布了专利的年度统计数据，2018年我国发明专利授权量（不是申请量）排名第一的企业为华为公司，数量达到了3369件。

“2018年美国专利受让人50强排行榜”中，华为排名第16位，要知道这还是在美国专利与商标局收到的专利申请出现3.5%的下降幅度的大背景下取得的成果，足以证明华为的强大。2019年1月8日，华为获得了国家科技进步一等奖，它独立完成的“新一代刀片式基站解决方案研制与大规模应用”项目赢得了相关部门的认可。其中，自主研发的业界领先的基带、中频和处理器芯片技术优势明显。不仅如此，华为还实现了许多重大技术的突破，比如在基站芯片内率先支持可信计算、产业化新型氮化镓功放、独创分布式电源技术等一些先进科技，可以说在无线行业基站领域内树立了事实标准。

考虑到未来每年将会投入100亿～200亿美元的研发资金，华为的知识经济将会变得越来越强大，在技术领域将会掌握更大的话语权，在行业内也将会掌握更大的主动权。

5. 让最优秀的人培养更优秀的人

任正非曾经表示："我们国家百年振兴中国梦的基础在教育，教育的基础在老师。教育要瞄准未来。未来社会是一个智能社会，不是以一般的动力为中心的社会，没有文化是不能驾驭的，若这个时期同时发生资本大规模雇用'智能机器人'，两极分化会更严重，这时，有可能西方制造业重回低成本，产业将转移回西方，我们将空心化，即使我们实现生产、服务过程智能化，需要的也是高级技师、专家、现代农民……因此，我们要争夺这个机会，就要大规模地培养人才。

"今天的孩子，就是二三十年后冲锋的博士、硕士、专家、技师、技工、现代农民……代表社会为人类去做出贡献。因此，发展科技的唯一出路在教育，也只有教育。我们要更多关心农村教师与孩子，让教师成为最光荣的职业，成为优秀青年的向往，用最优秀的人去培养更优秀的人。"

按照任正非的说法，华为不仅要站在社会大环境和时代发展的趋势下来看待自己的发展，进行战略规划，而且还要注重对人才的培养，尤其是借助优秀人才的力量来培养优秀人才，实现人才的完美更替和交接。这种教育和培养主要分为两个部分，一个是直接的培训和教导。华为公司是一个人才集散中心，每年华为都会从外部吸收各种能力很高的职员，甚至在华为高速扩张时期，还出现了提前去学校招聘学生的情况，即便是现在，华为依然每年都会向10多所著名大学提供奖学金、奖教金或特殊津贴，通过这种方式建立其长久的人才供应渠道。许多人会觉得华为能够从外界吸收更多的能人，因此它的人才应该是应聘过来的，但事实并非如此，如果进行分析，就会发现华为公司内部完善的培训机制为整个公司输送了大批人才。

相比于其他公司直接将人才纳为己用，华为公司更加注重内部的培训。新员工入职之后，公司会针对每个人的特点以及岗位需求进行至少为期两个月（多则一年）的培训。华为有一个非常著名的培训机构“华为大学”，这个大学中并没有什么大学讲师，没有什么专职教授，而是让那些最优秀的员工来培训新人。

世界上许多优秀的公司中都有完善的培训机构，阿里巴巴有所谓的湖畔大学，这个大学并非对内的培训机构，而是志在为那些优秀创业者传道授业，它主要专注于培养一批拥有新商业文明时代企业家精神面貌的新一代企业家。摩托罗拉公司在1993年7月也组建了摩托罗拉大学，根据相关规定，但凡公司内部的员工，无论职位高低，都必须接受每年至少5个工作日的专业培训。为了强化员工的培训工作，公司推出了170门课程。麦当劳也有专门的育才学校，公司会定期对员工进行业务培训和服务培训，并积极灌输“向顾客提供更有价值的高品质”的理念。

除了学校教育之外，最好的培训方式就是参加实践活动，尤其是进入一线参加实践，去艰苦的环境中接受锻炼。在华为，优秀的员工和干部大都来源于一线。可以说一线是锻炼人才也是储备人才的地方，因此华为一直主张让新入职的员工进入一线工作，让他们在艰苦的环境中进行各种磨炼，然后让一线工作经验最丰富的老员工充当导师。

第二个就是对新员工实行导师制度，让那些优秀的、有经验的老员工在工作中发挥帮传带的作用，帮助每一个新人尽快成长起来。公司专门为每一个新入职的员工配备一个优秀的导师进行指导。导师们会将工作中的细节进行讲解，会把好的工作经验传授给新人，会将企业文化和工作精神一代代传承下去，他们将着重锻炼新人的能力和勇气，塑造正确的价值观，并尽可能地让新员工了解工作的一些基本运作原理，确保新人能够尽快地将理论知识运用到实践工作当中。

华为成立以来，一直致力于打造一支最优秀的队伍，一直都希望将华为人打造成最强大的奋斗者，而这种强大和优秀需要保持持续性。而想要实现这两点，就要在内部实现传承，让优秀成为一种习惯，成为一个企业的基本符号。而内部传承最简单的方法就是培训和教导，通过让最优秀的人才来教育新人，通过让最优秀的人才来带动新职员，可以确保优秀的基因得到传承。

如果对华为最初成立的状态与现如今的状况进行对比，就可以明显发现华为的进步。创业初期，华为面临的最大问题就是缺乏资金、缺乏人才。由于缺少资金，缺乏品牌影响力，华为始终无法吸收最优秀的人才，这在某种程度上限制了华为的发展高度和发展速度。随着华为的不断发展壮大，任正非对人才越来越重视，开启了轰轰烈烈的“校园万人招聘”活动，为华为积极储备人才。在华为内部注入新鲜血液之后，任正非就积极创造良好的沟通环境和培训制度，确保先进的理念、技术、方法得以延续，并随着华为的发展而不断实现进化。正因为如此，华为公司得以壮大起来，内部的技术越来越好，人才越来越出色，人才更替越来越顺畅，这为公司实现长远发展奠定了坚实的基础。

后记

神秘而隐忍的华为

1996年，中关村四通公司的一位名叫李玉琢的副总裁敲开了总裁办公室的大门，他向老总摊牌，明确表示自己打算跳槽到华为。当时四通公司的总裁非常诧异地说："华为？没听说过，没什么名气吧？"作为一个当时已经打算进军国际市场的企业，竟然还被如此"陌生"，只能证明华为的确非常低调。

如果说1996年的华为还只是一只未走出国门的雏鸟，那么到了2018年，外界对于华为的了解究竟有多少呢？也许人们可以从一些华为的内部资料以及涉及华为的书籍中了解大概的内容，比如华为手机出货量超越苹果公司，排名世界第二；比如华为的总营业收入突破了7000亿元的大关；比如华为的5G布局领先世界。除此之外，恐怕没有多少人知道华为在无人机驾驶方面、在人工智能方面、在云计算方面、在芯片设计方面获得的成就，在石墨烯方面的研究成果……

在悄无声息之中，华为已经给世界带来了太多的意外，已经创造了太多的精彩。或许外界始终以敌意的眼光来揣度和批判华为的发展时，就注定了对它的神秘和低调产生恐惧，而这种神秘感同国内许多人“突然意识到华为非常强大”一样，人们似乎并没有像认识苹果公司、谷歌公司、阿里巴巴那样对华为有一个精确的了解，他们有关华为的那些想象大都不符合事实，大都不是建立在对华为真实了解的表面之上的。

有个人说过，多数中国人对于华为的认知仍旧停留在“中国梦”的追求层面，他们一直希望中国能够拥有一家媲美于世界顶级企业的公司，而华为的神秘气质正好符合他们的幻想和期望，而事实上他们对于华为的了解大都源于道听途说，以及一些不怎么符合实际情况的臆测。

很多企业喜欢主动宣传自己，它们不会放过任何一个能够提升自身社会存在感的机会，不会放过任何一个让自己登上新闻头条的机会。在信息纷繁复杂的今天，它们更希望自己可以像网红一样活跃在人们的视线中。它们也非常乐于迎合媒体的宣传，希望借助媒体制造舆论优势。这种宣传策略对于公司的品牌影响力的确有一定的作用，比如苹果公司会重点关注果粉效应，在国内，阿里巴巴、小米公司以及万达集团也是新闻板块中的常客。而华为更多时候并不喜欢媒体的参与，除了必要的广告宣传之外，华为公司基本上很少有什么重大新闻爆出。

有人曾提出了一个比较时髦的词语——“商业娱乐化”，大意是指相关的商业业务会更多地和社会娱乐结合在一起，这种结合是信息时代的一个重要标签，但与此同时也带来了很多问题，最明显的就是商业发展受到干扰。商业娱乐化的一个重要特征就是社会公示，即企业的发展往往会高调地公之于众，会通过各种社会性的活动来宣传和提升自己的品牌影响力，会非常在意一些虚无缥缈的排名。

对任何一家公司来说，想要完全封闭自己并隔离外界社会的干扰是不可能的。考虑到企业与市场的关系，考虑到企业需要更多的宣传，考虑到企业与社会之间的信息交流，华为公司不可能完全置身事外，唯一要做的就是尽可能地保持低调本色，尽可能地让自己专注于眼前的工作业务，专注于自己的发展计划，然后逐步实施自己的计划，尽可能避免自身发展规划受到外在的影响。

许多媒体喜欢吹捧华为，比如横向地进行对比，说华为的营收规模等于几个阿里巴巴、等于几个小米公司、等于几个腾讯公司；认为华为公司的技术正在提高，在某些方面比苹果公司、三星公司、高通公司还要强大；认为华为正在颠覆电信产业的格局，会掀起新一轮的革命；或者开始大肆强调华为公司在2018年全球500强企业中位列72名，而它还没有上市，并且在年底的营收计算中，一定超过7000亿元……面对这些高调的赞美，任正非始终保持清醒的头脑，他明确告诉华为内部的员工不要太过在意媒体的话，不要去参与媒体的活动，只要保持自己的发展态势就行，一心一意谋求发展，低调踏实地工作。

任正非一直都在试图远离媒体聚光灯，一直都在试图打造一个相对封闭的发展空间："对待媒体的态度，希望全体员工都要低调，因为我们不是上市公司，所以我们不需要公示社会。我们主要是对政府负责任，对企业的有效运行负责任。对政府的责任就是遵纪守法，我们去年交给国家的增值税、所得税是18个亿，关税是9个亿，加起来一共是27个亿。估计我们今年在税收方面可能再增加百分之七八十，可能要给国家交到40多个亿。我们已经对社会负责了。媒体有它们自己的运作规律，我们不要去参与，我们有的员工到网上辩论，是帮公司的倒忙。”

正如任正非曾经所说的那样：“我为什么不见媒体？因为我有自知之明。见媒体说什么？说好恐怕言过其实；说不好别人又不相信，甚至还认为虚伪，只好不见为好。所以，我才耐得住寂寞，甘于平淡。我知道自己的缺点并不比优点少，并不是所谓的刻意低调……媒体记者总喜欢将成绩扣到企业老总一个人头上，不然不生动，以虚拟的方法塑造一个虚化的人。我不认为自己像外界传说的那样有影响力。但是很敬业、无私、能团结人。这些年华为有一点成绩，是在全体员工的团结努力，以及在核心管理团队的集体领导下取得的。只是整个管理团队也很谦虚，于是就把一些荣誉虚拟地加到了我的头上……”

对于媒体，任正非向来都敬而远之。尽管他声称自己不是一个低调的人，否则也不可能组建十几万人的华为大军，但是所有人都知道他在生活和工作中的状态，相比于其他企业家，他的出镜率实在少得可怜，唯一让人们更多地了解任正非的为人，或许还是如今市场上层出不穷的有关华为和任正非的书籍。

按照任正非的说法，华为在很多时候都被媒体过度消费了，而媒体偏偏对此又知之甚少，这里就容易造成两个极端，第一个就是外国政府没来由地批评华为的背景，批评华为的安全系统；第二个就是国内媒体没来由地吹捧，将华为当成无所不能的企业，将任正非当成中国企业家中的圣人。

多数时候，华为都不是那个暴露在聚光灯下的焦点，它更多时候体现了中华民族那种内敛的、刻苦的、低调的、韧性十足的特质。华为精神从某种程度上来说，正是中国传统的品质与新时期奋发向上的那种冲击力的结合，它是具有新时代特征的传统企业，而华为人则是典型的具有中华民族优良品质的时代奋斗者。

有人戏称，从20世纪90年代到如今，华为人的服装始终是最单调的，他们似乎不懂得享受生活，不懂得装扮自己，也许他们已经将全部心思都放在工作当中了。在过去很长一段时间内，华为人都只是一个模糊的整体的概念，在很多人眼中，华为人代表了“老土的气质”，代表了“低调和坚持”，代表了“隐形”，华为人的生活可能远远没有其他行业的工作者那么丰富。有很多从华为走出来的人，都曾笑称“自己此前错过了很多精彩的生活”。可以说，多数华为人都将自己活成了传统思维中所期待的中国劳动者的样子，尽管这些形象不一定是准确的，但人们仍旧愿意这样去猜测——“华为人就是深圳街头那些穿着普通，戴着厚重的眼镜埋头走路的人。”

从某种意义上来说，华为人更习惯了隐忍，这种隐忍不是说他们逃避社会、与世隔绝，而恰恰是他们愿意放下身份去融入到最平凡的社会当中，就像任正非穿着朴素在机场坐出租车，就像华为人拿着上百万的年薪却坐在街头吹啤酒瓶、吃烧烤一样，他们或许是最没有身份负担的一群人。

有家公司招聘了一位从华为离职的高级工程师，结果发现对方在工作中非常认真、非常专注，平时待人也很随和，经常主动和他人交流。有个同事很好奇，这个工程师为什么不要求获得一个独立办公室，为什么不要求其他人帮忙做事，为什么不表现得像一个权威？当工程师笑着说自己根本不需要这些时，这个同事有些不理解地说道："因为你是华为来的人啊，这里没有人比你更出色。"

对华为人来说，他们似乎永远将自己当成整个机器上的一个零件，而零件的使命就是确保和其他部分保持协调，就是确保整个机器可以自由运转，至于那个最能代表身份和地位的产品标签贴在哪一个地方，贴在哪一个零件上，他们根本就不在乎。

据说任正非曾经对下属这样说道："当社会上根本认不出你是华为人的时候，你就是华为人；当这个社会认出你是华为人的时候，你就不是华为人，因为你的修炼还不到家。"这样的表态更像是摆明了态度：要做一个潜水者，要做一个低调行动的巨人，要在不为人所关注的环境下慢慢发展、慢慢积累，然后在不动声色之间就突然成长为影响世界的超级企业。如果考虑到华为艰难的成长史，人们或许能够理解任正非的苦衷，能够理解华为公司为什么会千方百计地"捂着"，因为这样才能更加安全地成长，才能有效突破发展过程中的重重障碍。

任正非多次强调了低调发展的策略："我们要的是成功，不是口号。有人说华为公司运行得平平静静，没什么新闻，是不是没戏了。我们说这叫'静水潜流'。表面很平静的水流，下面的水可能很深很急，倒是那些很浅的水在石头上流过去的时候才会泛起浪花。"静水潜流的低调发展策略有助于帮助华为更好地应对外界的刺激，有助于华为更加专注地发展自己的业务，并且能够更好地保持良好的发展状态。

也许很多人觉得任正非没有必要这样做，他们都将华为当成世界上最伟大的公司之一，认为华为是世界上最具竞争力的公司之一，甚至全方位领先于行业内的其他公司。面对外界的吹捧，任正非有着比其他人更为清醒的头脑，在接受采访时，任正非非常谦虚而严肃地谈到了这个话题："我们和思科还不一样。思科要比我们先进。全世界走向ATM技术模式时，唯有思科走的是IP模式。结果我们全部都走错了，就思科走对了。思科就站在全世界的前面，领先了世界。我们现在还创建不到这么高水平，因为我们还是走向IP的路上，在这条路上的创造能力还不如思科。"

对于自身局限的认知，华为可以有效避免过分膨胀，可以有效避免华为公司错失发展的机会。华为公司董事、高级副总裁陈黎芳曾经非常理性地谈到中国与美国之间的差距："赶上美国，不但要有中国自己的通用电气、波音，也要有中国自己的诺斯洛·普格鲁门、霍尼韦尔、洛克希德·马丁、雷神、汤普森·拉莫·伍尔德里奇、联合技术、利顿工业、达信、CSC、ITT 、联合防务、休斯电子、L-3通信、艾连特技术系统、哈里斯、罗克韦尔、阿尔康工业、韦里迪安、西利康图解计算、布兹·阿伦·哈密尔顿、普利迈克斯技术、米特里、EGG、DRS、泰里达因技术、列·谢格勒、装备支援系统、蒂坦、安特翁、AM General、电子数据系统、奥什科什、库比克、通用汽车、陶氏、亨斯曼、PPG 、伊士曼化工、孟山都、道康宁、惠普和安捷伦、IBM、泰科、英特尔、卡特彼勒、德尔福、杜邦、江森自控、思科、3M 、迪尔、固特异、施乐、艾默生、惠而浦、摩托罗拉、朗讯、辉瑞、罗氏、礼来，等等。 上述这些企业加上普林斯顿、哈佛、耶鲁、斯坦福、伯克利、加州理工、麻省理工、芝加哥、哥伦比亚等大学才是美国综合国力的支柱，才是美国骄傲的本钱，才是美国强大的原因。我们要的应该是这些。”

华为一直都想要成为一家世界级别的大公司，一直都渴望有朝一日可以成为像苹果公司、谷歌公司那样能够影响全世界的超级企业，而在实现这个目标的道路上，保持低调踏实的作风也许恰恰是最好的选择。